他者を感じる社会学

差別から考える

好井裕明 Yoshii Hiroaki

JN052734

★――ちくまプリマー新書
363

目次 ＊ Contents

はじめに

私は大学で「日常生活文化論」という講義をしています。そこでは日常のコミュニケーションのありようもお話しししています。

「スマホを通したコミュニケーションの最大の問題点は何でしょうか」

授業でよく出す課題です。ほとんどの学生が「スマホを手放せない日常」を生きており、そこで得た実感からさまざまな問題点をあげてきます。もっとも多い回答が「相手の「顔」がみえない」という点です。

相手の「顔」がみえない、とはどういうことを言っているのでしょうか。いくら顔文字や工夫したスタンプが使われているとしても、スマホの向こうにいる相手の表情や雰囲気がわからないので、相手の真意はわからないし、言葉だけのやりとりであり、表面的な薄いコミュニケーションにならざるをえない。またそのために相手に対してあらぬ誤解や曲解をしてしまう恐れがあるというのです。

もちろん、面と向き合ったからといって、相手の感情や真意を本当にわかりきることは難しいでしょう。ただ「顔」が見えないことで、スマホでのやりとりの「行間の意味」をとるのが一気に難しくなることは確かなのです。

今一つあげられていた問題点は、「匿名性」でした。授業で学生に現代の差別や排除について尋ねると、ほぼ必ず返ってくる答えが「ネット上での誹謗《ひぼう》中傷」「ネット上でのいじめ」です。誰が言っているのかがわからないので、人は平気でひどい差別や排除の言葉をネットにあげられるのだと。私は特定の人間や人々を誹謗中傷しているのは、ごく限られた人々だろうと思いますが、いずれにせよ「匿名性」が人を傷つける行為を成立させる大きな要因であることは確かです。

学生からの課題レポートを読んでいて、はっとさせられるような記述がありました。「顔」がみえないことも「匿名性」も問題だが、自分自身がスマホを使っていて、もっともやばいなと思うことがある。それは便利なスマホの「さくさくとした」やりとりがもつ「速度」に慣れていくうちに、スマホの向こうに人間がいること、自分と同じ人間がいることを忘れてしまうことだ。「人間」を感じないままに、スマホを通したやりとりに没入している自分の姿に危うさを感じてしまうという内容でした。

もし私たちがスマホを通してだけでなく、さまざまな場面や状況で、目の前にいる他者、ネットの向こうにいる他者を「人間として感じない」日常ができあがっているとすれば、それは他者理解にとってゆゆしき事態ではないでしょうか。

他者を感じない日常とは、他者を「人間」として認めない日常であり、もっと言えばさまざまな「ちがい」がある他者をそれ自体の存在として対等に向きあおうとしない日常と言えるでしょう。そしてそれはネット上の匿名の誹謗中傷という行為が象徴するように、平然と人（＝他者）を差別し排除できる日常なのです。

では、どのようにすれば普段から他者を感じ、他者がもつさまざまな「ちがい」を理解して生きることができるのでしょうか。端的に言えば、「差別を考える」ことで、私たちは他者を感じることができるようになるのです。

『他者を感じる社会学』。それは「差別を考える」社会学への誘いなのです。

第一章　差別とはどんな行為か

差別とはどのような行為なのでしょうか。私は、これまで論文やテキストに何度も書いてきていますが、やはりある有名な差別主義をめぐる定義から始めたいと思います。

差別主義とは、現実上のあるいは架空上の差異に普遍的、決定的な価値づけをすることであり、この価値づけは、告発者が己れの特権や攻撃を正当化するために、被害者の犠牲をも顧みず己れの利益を目的として行うものである。（アルベール・メンミ著、白井《しらい》成雄《しげお》・菊地《きくち》昌実《まさみ》訳『差別の構造』合同出版、一九七一年、二二六頁《ページ》）

翻訳がこなれていないので、「告発者」という言葉はわかりづらいですが、要するに、差別主義者は、自分自身の特権や利益を守り、正当化するためには、相手がどう感じようがおかまいなく、相手を貶《おとし》めたり、蔑むような言葉を投げかけたり、相手を排除する行動を平然と行うというものです。そしてそうした差別的な攻撃を受ける相手は、明らかに「被害者」

なのだと。

自分たちの利益を守るために平然と行われる差別。どのようなものを思い浮かべるでしょうか。学校でのいじめやネットでの誹《ひ》謗《ぼう》中傷などをすぐに思い出しますが、私は東京の新大久保、川崎、京都など、在日朝鮮人（以下、在日と略記）が暮らす街で繰り返し行われるヘイトスピーチのデモやネット上での攻撃はその典型だと考えます。

ヘイトスピーチ

在日の人たちの暮らしや生命を否定し、朝鮮へ帰れと連呼し、さらには彼らの生命や存在を全否定する抹殺の言葉を叫ぶ行為。その背後には、自分たち、つまり日本人はさまざまな形で在日から被害を受けているという根拠のない思い込みがあるようです。そしてメンミの定義に基づけば「現実上の差異」や「架空上の差異」をフル動員して、「在日朝鮮人とはこのような存在だ」という決めつけのもと、彼らを貶め蔑み、全否定するような言葉を連呼するのです。

多くの私たちはこう考えるでしょう。ヘイトスピーチをする人たちは、在日に対して強烈な偏見をあらかじめ持ち、過去に在日からひどい目にあってそこでつくられた否定的なイメージや思いに凝り固まっていて、その意味で世界が狭く、ものの見方も偏狭な、ごく限られた人たちに違いないと。確かにそのような人もいるだろうとは思います。

しかしヘイトスピーチを行い、活動している人々を分析した社会学者によれば、彼らの生活歴や学歴や暮らしぶりも多様であり、必ずしも在日との否定的な経験を持っていないようです。要するに、限定的な状況にある特別な人たちがヘイトスピーチに熱中しているのではありません。彼らもまた、どこかで今の社会や政治、暮らしに不満をもち、違和感を覚え、何かの動きを通して、その状況を変えたいと考えている、「私たちと同じような人」たちと言えます。

もちろん、世の中に不満を持ち、差別主義的な攻撃に走ることは、見当違いです。そんな攻撃で、世の中が変わることはありません。ただ私はなぜ「私たちとおなじような人」たちが、少し冷静に考えてみればわかるような問題のある差別的攻撃に熱中してしまうのかを、さらに考えてしまいます。

太平洋戦争敗戦後、社会的・政治的な混乱のなかで、「在日」がつくられていく歴史を正確に理解し、芸術や芸能文化をはじめとする日常の暮らしのあらゆる場面で在日の人たちがいかに活躍し貢献しているのかを考えてみるだけでも、彼らの主張がいかに誤っており、強引で、非現実的かがわかります。

もし、国家を愛するという気持ちは純粋なもので、私たち日本人であれば当然もつべきだろうと主張し、日本という国家のためだという愛国主義的な思想や気持ちから「在日」に対してヘイトスピーチのような営みをしているというのであれば、私はこう考えます。

国家を愛する気持ちは大切であり、否定するつもりはありません。でも日本という国家を愛する証として、自分たちとは異質な文化をもつ人種や民族を、一切有無をいわせず排斥する行為は、はたして本当に「愛している」ことになるのでしょうか。差別主義的な愛国の営み、差別を積極的に活用して日本という国家や日本人を正当化する営みは、本当の意味で「国家を愛している」証とは決してならないのです。

差別とはどのような行為なのかという問いから始まり、少し脱線してきているようですが、もう少し、脱線してみたいと思います。

戦争は最大の差別

こう考え書いてきて、かつてほとんどの日本人が差別主義的な愛国の想いや行為に駆り立てられた歴史を生きたという事実を思い出します。さまざまな差別に対抗し異議申し立てをする多くの解放運動のなかに、「戦争は最大の差別だ」という言葉があります。「鬼畜米英」。戦争映画や戦争時代を描いたドラマで必ず語られ、目にする、お決まりのスローガンです。闘っていた相手であるアメリカやイギリスの兵士は「鬼」であり「畜生」であって、「人間」ではなかったのです。自分たちと同じ「人間」ではなく、人でなしだと。鬼や畜生という言葉には、それを恐怖するという意味も含まれていますが、人でないのだから平気で抹殺してもいいという意味が詰まっていました。当時の日本人はこの意味が満ちた言葉を連呼し、日本の闘いを正当化していました。

もちろん、こうした差別主義的見方や営みは日本だけではありません。「ジャップ」「イエローモンキー」などアメリカでも日本兵を見下し、嘲笑《あざわら》う言葉が生きていました。日本人は「人間」以下のサルだと。日本もアメリカやイギリスもともに、互いの国家の利益を正当化する行為としての戦争を遂行するうえで、闘う相手が、自分と同じ「人間」ではない、という強引な理屈が必要だったのです。相手は「人間」ではないのだから、殺してもいいのだという〝殺しの思想〟はまさに差別主義的なものの見方に支えられていました。

差別的な言い方をすれば、自分とは異質な他者と殺し合うまでの対立にいたってしまった時、差別主義的な見方や考え方には途方もないエネルギーが注入され、それはもっとも活《い》き活きとした〝輝き〟を放っていたとも言えるでしょう。

私は広島・長崎の被爆問題も研究していますが、たとえば森滝市郎《もりたきいちろう》（一九〇一―一九四）という人物がいました。彼は、戦後、広島の被爆者運動や原水爆禁止運動という平和運動を推進してきた著名な活動家でした。生前彼は、原水爆の実験があれば必ず翌日に広島平和記念公園の慰霊碑前で座り込み、核実験に対して無言の抗議を続け、核廃絶を主張しました。

森滝は、一九四五年八月六日に、広島高等師範学校教員として被爆し重傷を負います。長い間生死の境を彷徨《さまよ》い、病床に臥《ふ》せっているあいだに、彼は教員として愛国主義的な思想を教え、学生を兵士として戦争へ積極的に送り込んできた戦時中の自分の思想や実践を心底から反省し、これから自分に何ができるかを考え、反原水爆の思想をうみだしていきました。反原水爆、反戦平和をめぐる森滝の思想や実践は、素晴らしいものです。ただ彼ほどの人物でさえ、戦争中は差別主義的見方が放つとんでもない〝輝き〟に眼も心も眩《くら》まされ、自分自身の好戦的な考えや実践が見えていませんでした。

太平洋戦争という事実がどのように当時の人々の暮らしや生に「歪《ゆが》み」を与えていたのかは、社会学にとってこれからも探求すべき重要な課題です。さて脱線から戻ることにします。

他者理解の過程で生じる差別

あらためてまとめておきます。差別とは、他者を「遠ざけ」「貶める」営みです。それは自分が生きている日常生活世界から具体的な他者やある人々を徹底して「外していく」行為です。具体的にはそれは、自分の利益、より正確に言えば、自分が利益だと考えていることのために、他者がもつ現実の「ちがい」や勝手につくりあげた想像上の「ちがい」に否定的な意味をこめ、その「ちがい」をもとにして、当該の他者やある人々を排除し、攻撃する行為です。

ところで、差別は人間の「心の問題」なのでしょうか。世の中には、心の問題として差別を心理学的に説明する仕方がみられます。

たとえばある人が差別をしたとして、原因は、ある人が囚われてしまっていた人間や社会からの強烈な疎外感であり、心理的な不充足感が原因ではないだろうか、疎外感や不充足感が一転して攻撃性に変化するのだと。少し言い方を変えれば、ある人が生きていく過程でさまざまな体験をした結果、「心の闇」が生じ、まさにその「闇」が差別という行為を引きおこす源となっているのだと。差別に限らず、いじめやさまざまな問題行動を「心の問題」として、心理学的に説明する仕方は、いかにももっともらしく思えるかもしれません。ただ私は、こうした説明には、大きな問題が潜んでいると考えています。

先にヘイトスピーチのところで語ったように、多くの私たちは、差別をできるだけ限られた特別な事柄として整理し、自らの日常生活世界から、なんとかして切り離したい、距離をとっておきたいと思ってしまいます。「ヘイトスピーチは「在日」へのひどい差別だ。差別はいけないことぐらいわかりきっているし、自分は差別などするはずがない」という、まさに私への〝信奉〟が、そう思わせるのでしょう。

このような自分自身への〝信奉〟が生きているとき、私たちは心理学的な説明を動員して、特別な心の状態こそ差別を生むという結論に誘われてしまうのではないでしょうか。

差別は、自分自身が囚われることがない稀《まれ》で特別な心理や感情が原因であり、特別な心理や感情を持ちやすい人や、またそうした心理や感情に囚われた人が起こしてしまう行為なのだ。だから差別は「特別な人」がする行為であり、「そうでない私」には、関係のない出来事だと。そして、こうした了解の仕方は、自分から差別というテーマ自体を切り離すことができるため、魅力的であり、私たちは、なかなか抗いがたいものではないでしょうか。

さてこうした了解の仕方を認めたうえで、いったん脇に置いておきましょう。

本書では、異なった見方で差別を考えます。いわばより社会学的現象として、日常生活世界に生起する〝よく見られる〟現象、私事（自分事）として、差別を捉えなおすのです。

私たちが、日常を生きていくとき、さまざまな他者との出会いや他者とのつながりは不可避です。ただ、その出会いやつながりは、必ずしも常に支障なく円滑に達成されるものではありません。ＬＩＮＥでのちょっとした言い方で相手から深刻な誤解を受けたり、スタンプの使い方一つで関係が気まずくなったりと、親密な友人との関係ですら、どこかで滞ったり、つながるうえで〝さまざまなトラブル〟がおきてしまう波乱含みの営みといえるでしょう。

例えばこう考えるとき、差別とは、どこか特別な場所で起こるのではなく、私たちが他者を理解しよう、他者とつながろうとする過程で、なかば必然的に生じてしまう現象となります。差別は決して、見ないふり考えないふりをして、自分とは関係のない出来事だと回避できるものでもないのです。

いわば、差別は、他者理解――あるいは他者理解の難しさ――という深遠なコミュニケーションの過程で生じてしまう〝必然〟であり、私たちが他者を理解しようとし、他者と何かを共有しよう、伝え合おうとするときに生じてしまう〝摩擦熱〟のようなものです。

人々が他者に対してある社会的カテゴリーをあてはめることで、他者の個別具体的な生それ自体を理解する回路を遮断し、他者を忌避、排除する行為の総体をいう。あてはめるカテゴリーには圧倒的なマイナスに意味が縦貫しており、それをあてはめる他者や他者が生きる現実を映し出すのではなく、さまざまにマイナスなかたちで「しるしづける」。差別現象を考えるうえで重要なことは、日常生活のなかで普段いかにこうした歪められたカテゴリーの侵入を許してしまっているのかということである。確信犯的な強烈な差別行為から、同情、哀れみに内包されるなかば無意識的なゆるやかな排除まで、現象として差別は多様であるが、「歪められたカテゴリーを無批判的に受容すること」が差別につながる私たちの根本的な日常的実践といえる。そして、この実践と向き合い詳細に解読し、解体、変革していくのもまた、私たちの日常的実践なのである。（項目「差別」、秋元《あきもと》美世《みよ》・芝野《しばの》松次郎《まつじろう》・森本佳樹・大島《おおしま》巌《いわお》・藤村正之・山県《やまがた》文治《ふみはる》編『現代社会福祉辞典』有斐閣《ゆうひかく》、

2020年、警官の黒人殺害を機にしたBlack Lives Matterのデモ（ニューヨーク）

二〇〇三年）

手元にある社会福祉辞典の「差別」項目を抜き出してみました。実はこれは以前、編者から依頼を受け、私が執筆しました。

私がこの項目で強調したかったこと。それは「差別現象の多様性」であり「『歪められたカテゴリー』を無批判的に受容すること」が差別につながる私たちの根本的な日常的実践」であり、「この実践と向き合い詳細に解読し、解体、変革していくのもまた、私たちの日常的実践」だ、ということです。

私たちの多くは、「確信犯的な」差別などしたくないし、行おうとはしないでしょう。でも多様な差別現象は、まさに私たちの「日常」で起こり、私たちは、その「日常」を生きていると言えるのです。

差別をどう考えていけばいいのか、さらに語っていきましょう。

第二章　差別を考える二つの基本

差別が姿を現すとき

ここでは差別を考えるとき、はずしてはならない基本について考えてみたいと思います。その一つは差別を受ける側と差別する側の立場の根源的な異質さということであり、〈被差別―差別〉という二分法的な見方です。

私は、自治体に呼ばれ人権問題研修で講演する機会がありますが、講演の冒頭で「踏まれた人でないと、足の痛みはわからない」という喩《たと》えをよく使います。

混んだ電車の中で、思わず誰かの足を踏んでしまうことがあるでしょう。そのとき、混んでいればいるほど、自分の足が誰かの足を踏んでしまっていることに気づきません。というか東京のような殺人的なラッシュでは身動きすらできない状況にまでなることもしばしばですが。いずれにせよ、「痛い！」という叫びや「足をどけてください！」と言われて初めて、私たちは気づき、「すみません」と謝り、なんとかして足をどけることになります。このとき、〈踏まれる―踏む〉という立場は明確に異なっているし、「痛い！」「どけてください！」

と声をあげるのは、あくまで踏まれている側です。

　ところで新型コロナウイルスの感染拡大を経験して、私たちは他者と十分距離をとるという〝新しい日常〟を生きざるを得なくなっており、距離が保てないような「殺人的なラッシュ」は例として適切ではないかもしれません。ただ「踏まれた人でないと、足の痛みはわからない」という喩えは、意味を失ってはいないので話を続けましょう。

　仮に足を踏まれていても、「痛い」「どけてください」という声があがらないとします。そのとき、踏んでいる人は、自分がいま誰か他の人の足を踏んでいるという事実に気づかないだろうし、もっと言えば、足が踏まれているという事実ですら、そこでは「ないこと」になってしまいます。もちろん、踏んでいる人がすぐに気づき、自分から「すみません」と相手に謝罪し、足をどけることもあるでしょう。そうした気づきがない場合、踏まれたことで生じる「痛み」や「怒り」は、踏まれている人の心のなかだけで起こるものとして、閉じ込められてしまう恐れがあります。

　差別の場合も状況は似ています。差別が差別として、世の中に立ち現れるのは、差別を受けた側が「痛い！」「なんとかしろ！」と世の中に向けて「声」をあげるからです。差別を受けることで経験する苦しみや悲しみ、怒り、憤りなど、「声」をあげ、自らが差別を受けるような世の中の不条理に対して抗議し、異議を申し立て、世の中を告発する営みがあって初めて、差別の輪郭が明らかになってきます。

「声」をあげるうえでの前提として重要なきっかけが、差別を受けた人の主観的な判断であり情緒的な憤りです。その意味で差別は個人的な感情やある人々のまとまりで共有された情動から生じるのです。

こうした事実は、典型的な差別事象であるハラスメントを考えれば、より明らかになります。セクシュアル・ハラスメントにせよ、パワー・ハラスメントにせよ、ある体験が耐え難いハラスメントだと主張される根拠は、被害者の主観的な痛みであり傷なのです。主観的であれば、個人の気持ちや感情の問題であって、恣意的なものではないのか、という声が聞こえてきそうですが、それは間違いです。

自分の優位的な地位や権力を利用してハラスメントをする、いわば確信犯的な場合があります。他方で相手に対する〝好意〟や〝恋愛感情〟のあらわれであって、地位利用などしていないし、決して相手に嫌がらせをしようとは思っていないと加害者が主張する場合もあります。ただこうした場合、〝好意〟や〝恋愛感情〟はあくまでも加害者からの解釈であって、それが被害者にも共有できていないからこそ、加害者の行為はハラスメントとして耐え難い苦しみを与えるものとなるのです。

考えてみれば、ハラスメントは問題とされる行為をめぐる加害者と被害者双方の主観的な解釈の〝闘争〟とでもいえそうですが、会社の上司と部下、大学の指導教員とゼミ学生といった両者の間にある社会的地位の落差や権力差は見落としえない重要な事実といえます。こうした権力差から考えても両者はまったく同じように主観的な解釈を主張できるのではありません。普段から権力を行使できる立場にある加害者ほど主張しやすく、権力を受ける立場にある被害者ほど主張しづらいと言えます。だからこそ、主観的な解釈の〝闘争〟でありながらも、当該の行為がハラスメントかどうか認定するうえで、被害者の心情であり、受けたことで生じた「痛み」や「傷」という受けた側の行為への解釈が決定的に重要となるのです。

差別も同様に、受けた側の苦しみや痛み、怒り、憤りや抗議という「声」があって初めて、ある出来事が「差別」であるとわかるし、こうした被差別の側の「声」にまっすぐ向き合うことこそが、差別を考える基本の一つです。

差別を考えるのに必要なこと

〈被差別―差別〉という二分法的見方があります。それはある具体的な差別事象をめぐり、人々の全体を、差別を受ける側の人々と差別をする側の人々という二つの立場に分けていく考え方です。

たとえば「在日」に対する差別を考えるとき、差別を受ける側は「在日」当事者であり、差別をする側には、「在日」以外のすべての人間が含まれることになります。私は「在日」ではないので、差別をする側に位置づけられるでしょう。

こう書いていくと「なんと乱暴な」分け方だろうかとみなさんは疑問に思われるでしょう。自分は「在日」に偏見など持っていないし、差別するはずがない。そうした個々人の思いや意識に関係なく、ひとくくりにして人間をすべて「差別を受けるか、差別をするか」で分けてしまうのはおかしいのではないだろうか、と。ただ、そうした疑問は十分に認めたうえで、私は、〈被差別―差別〉という二分法的見方は、差別を考えるうえでの基本だと考えています。

その理由ですが、まず第一に、この二分法的見方をあてはめることで、人は誰でもどちらかの側に分けられることになり、差別という問題とは一切関係ない人など誰もいないという、差別を考えるうえでの原理的かつ倫理的な主張を確認できるからです。ただこの主張を確認するからと言って、差別する側に分けられた私たちをすべて「差別者」だなどと考えてはいません。より正確に言えば、私たちが差別する側に分けられるとき、そこでは常に〝差別するあやうさ、差別してしまうあやうさ〟とどのように向きあえばいいのかという可能性が開かれているのです。

今一つの理由です。この見方は、〈被差別―差別〉と人間全体を二つの塊に分けるようにみえますが、実は目的は〝分けること〟にあるのではなく、被差別の立場を生きる人々や被差別の現実を、差別を考えるための中心であり原点として、つまり〝注目すべきもの〟として人々の塊全体から〝括《くく》りだす〟ことにあります。そして私は、この目的こそが、二分法的見方がもつ本質を言い当てていると考えています。

つまり、〈被差別―差別〉という二分法的な見方は、被差別当事者、被差別の現実を原点としてそこから差別を考えようとする思考法といえるのです。

私たちは、この見方をてがかりとすることで、差別を受ける人々が誰なのかを括りだすことができ、被差別の現実や被差別それ自体を冷静かつ克明に考えていくことができます。その意味で、差別を考える原点の思考法であり、本来、明快で柔軟なものです。

しかし、この見方は、普段私たちの常識のなかでは、被差別の現実から差別を考えていくうえで役立つ見方と考えられていないようです。本来この見方が持っている原理的な部分が失われ、差別を受ける人と差別する人を括りだして二分するだけの〝硬直した〟思考法になっています。そして、まさに〝硬直した〟二分法が、「差別を考えること」から私たちを遠ざけてしまいます。

『「あたりまえ」を疑う社会学』（二〇〇六年、光文社新書）の中で書いていますが、ある評論家の発言に私は驚愕《きょうがく》したことがありました。もうかなり前になってしまいましたが、深夜のニュース番組で解放運動を進めている被差別当事者と評論家との対談がありました。冒頭評論家はこう切り出しました。

「私は生まれてこのかた、差別を受けたこともないし、差別をしたこともありません。その意味で普通の人間です。普通の人間として、これからあなたにいろいろと質問したいのですが……」。

自分は一度も差別などしたことがないと断言できることに、私はまず驚きました。なぜなら先に述べているように自分の行為が差別的であるか否かについては、それを受けた人の「声」によってわかるのであって、行為者が自分で決めることができるようなものではないからです。そして私はそれ以上に、差別に関係がない人間が「普通」だという了解に驚愕しました。

この評論家の発言の背後には以下のような差別をめぐる心理学的な了解図式とでもいえるものが息づいています。

差別を受ける人も差別をする人も「普通」ではない。彼らは「特別」であって、差別とは「特別」な人たちの中で起こる「特別」な出来事なのだ。その意味において差別は「普通ではない出来事」だ。他方で私も含めて多くの人々は「普通」の世界で生きている。「普通」である私は、差別とは基本的に関係がない。だからこそ、より客観的に、冷静に差別について考えられるし、「特別」を生きている当事者のあなたに、いろいろと問いかけられるのだ、と。

これは、まさに〝硬直した〟二分法的見方の典型といえます。

先の新書で私がこの発言をとりあげ批判し、言いたかったことを確認しておきます。「普通」の人間であれば、差別しないし、差別などに関わりがないはずという考えは、まったく根拠のない幻想です。さらにその裏返しとして「差別者であれ被差別者であれ、差別に関わる人びとは普通でない特別な存在だ」という考えは、差別をできるだけ限定し、狭く稀《まれ》なできごととして私たちの日常生活世界から締め出そうとする硬直した見方です。

差別とは、差別をした人と差別を受けた人との間の「問題」であり出来事なのだ。「普段」差別などしていないし、する気もなく「普通」に生きている私たちにとって、差別は関わりのないことだ。硬直した二分法的見方は、こうした了解を私たちに与えてしまいます。

例えばテレビ・ドキュメンタリーやニュースで、差別の激しさや被差別当事者の生の実相などを知り現実の厳しさを実感することもあるでしょう。その時私たちは「かわいそうだ」「差別は許せない」という思いがわきあがる一方で、「自分がそうでなくてよかった」「できることなら関わりたくない世界だ」と感じます。そして、差別というできごとから距離をとり、それを自らの生活世界から締め出してしまおうとします。

つまり、私たちは、基本的に自らが生きている日常生活世界を脅かすこともない「問題」「事件」として、いわば〝対岸の火事〟として差別を傍観しながら、差別を受けた人々の「痛み」や「怒り」に同情し共感し、差別をした人を「怒り」「批判」することができるのです。

「差別を考える」うえで、まず必要な作業があります。それは〈被差別―差別〉をめぐる〝硬直した〟常識的な二分法をひとまず〝カッコに入れる〟、つまりペンディングし、使わないように気をつけることです。

そして差別問題をめぐり自らの位置取りをするときに思わず語ってしまう「普通の人間」

の姿、対岸で火事（＝差別）を安心して見物できる「普通の人間」の姿とは、いったいどのようなものなのかを詳細に読み解こうとするまなざしをもつことです。

誰にもある差別する可能性

もう一つの重要な基本があります。それは「人は誰でも差別する、あるいは差別してしまう可能性がある」ということです。この見方は実は、差別という現象を差別する側から考えたときに出てくるもので、被差別者、被差別の現実から差別を考えるという先の二分法とは抵触することはありません。

私は社会学という営みが面白く、差別問題の調査研究がしたいと、大学院生の頃から先達の研究者たちの尻にくっついて、被差別部落へ出かけ、生活文化史の聞き取りをしたり、解放運動を進めている活動家たちと出会い、話を聞いたりしていました。また同輩の研究仲間たちと一緒になって、当時日本に入り始めていた自立生活を実践している障害者のもとに出かけ、生活の現実や問題点などを調べていました。

そのとき実感したことがあります。厳しい差別を受けながらも、それに対抗し闘い、仲間とともに解放運動を進めている人たちは、往々にして人間を見る眼が鋭く、人間に対する理解が深く、また優しいしいうことです。もちろん当事者が全員そうだとは限りませんが、自分たちとは異なる他者に対するまなざしは深く厳しくそして温かく優しいものでした。

差別に立ち向かう中で、人間に対する理解の仕方が鍛えられ、しなやかになり、他者に対するまなざしも鋭くなったのかな、だからこそ差別を見抜く力も深く豊かになったのだろうか。そう思わざるを得ないような人物に私は、何度も出会っていました。

差別を超えるコミュニケーションとは

また若い頃ですが、差別をめぐるコミュニケーションの深遠さに驚き、差別という現象こそ私が追究すべき社会学のテーマだと直感した体験がありました。

あるお寺で僧侶が差別的な発言をしたと問題になり、事実を確認するための話し合いが行われました。被差別当事者で解放運動を進める活動家と当該地域の人々とお寺の関係者たちが対面して座し、どういう経過でどのような出来事が起こり、問題となるような発言があったのか、なぜそのような発言が起きたのかなどを確認し、さらに事件が起きた背後にある人々の差別性などを確認し、糺《ただ》していきます。差別性というのは、個人が差別的な意識や知識をもっているかだけでなく、個人がこれまで生きてきたなかでどのようにして差別的な意識や知識をもつようになったのかという生活史的側面や個人が所属する集団や組織、制度的な現実のなかでそのような意識や知識が保たれていることも含んでいます。

今は行われていませんが、当時は、差別事件が起きれば、事実を確認し、どこに問題があったのかを議論し糺していく、つまり「思い込み」や「決めつけ」など被差別の立場の人々や彼らが生きている現実を誤って理解させるような意識や知識を指摘し、それらを正当で適切に理解するために必要な意識や知識に変えていく、という確認・糾弾会という解放運動の実践がありました。

私は、地域の人々の後ろに座り、やりとりの様子を見ていました。話し合いを中心的に進め、事実を確認していく活動家の発言や問いかけは、整然として冷静で理にかなったものでした。それに対して、お坊さんたちは、問いかけにまともに答えようとせず、のらりくらりとした対応だったと記憶しています。聞いている地域の人たちは、次第に苛立ってきました。私も同じように苛立っていたと思います。

とうとう、座っている誰かから「ちゃんと答えろよ！　このくそ坊主が」というヤジが飛びました。その瞬間でした。お坊さんたちに向かって整然と問いかけをしていた活動家が、くるっと人々のほうに向きを変え、こう語ったのです。

「くそ坊主とは、何事か！　黙りなさい！」

大きな声というよりも、腹の底から怒り、ヤジをたしなめる迫力のある響く声でした。

人々は一気に静かになり、再び静寂の中で、事実確認が整然と進んでいきました。

話し合いが終了し、お坊さんたちが帰った後で、活動家は、人々に対して、自分があの時なぜ怒ったのかを説明しました。

「差別を受けることは、腹立たしいし、許しがたいことだ。またそれを認めようとしない姿を見れば、罵倒したくなるのもわかる。しかし私たちはただ差別に仕返しをしているのではない。差別をなくしていくための運動をしているのだ。相手が、自らが持っている差別性に気づき、それを変革していくためには、私たちはただそれを責めるだけではだめだ。相手とともに、いや相手以上に、差別を許さない人間として高まっていかなければ運動する意味がないのだ」と。

そのような内容を彼は諄々《じゅんじゅん》と人々に優しく説いていました。

ふりかかる差別を払いのけるだけでは意味はなく、相手の中にある差別性を相手自身にわかってもらい、差別しないだけでなく、差別を許さない人間へと変貌する意味を〝腑《ふ》に落としてもらう〟ためには、自分たちも他者を嘲《あざけ》ったり、平気で罵ったりするような〝くだらない人間〟ではなく、人間として少しでも成長していく必要があると言うのです。

差別と闘い、差別を理解し、それを乗り越えていくための営みやコミュニケーションはこんなにも深く、厚く、熱いものなのかと、私は感動し、その営みを詳細に読み解くことこそ、他者理解を主題とする社会学の中心にあると直感しました。

自分の中にある差別性に気づく

差別をめぐるコミュニケーションの深遠さや被差別の現実を生きている人々の言葉や語りの分厚さと出会いながら、他方で、ある問いが、私の中でずっと響いていました。

「確かに被差別当事者は、差別を見抜く眼や人間を見抜く力がある。差別は、それが差別だと彼らが声をあげ、異議申し立てをするから、差別として世の中に立ち現れることもわかる。差別問題は、被差別の現実から考えることが原点だということもわかる。でも、私たちは、自身の力で自分が持っている差別性にどのように気づき、向き合えるのだろうか。被差別の立場にある誰かに指摘されないと私たちは自らの差別性はわからないのだろうか。私たちというまでもない。私は、誰かに言われないと、こんな差別的なものが自分の中にあるということがわからないのだろうか」

それでさまざまな差別論や差別問題の社会学調査分析書などを渉猟し、この問いへの答えを探しました。でもほとんどが被差別の現実こそが差別問題を考える原点であり源だという類の主張ばかりで、私が求めた問いへの答えはありませんでした。

じゃあ、自分で考えざるを得ないなと、自分で答えを探そうとあれこれ考えてみました。その結果たどりついたのが『差別原論』（二〇〇七年、平凡社新書）であり、「人は誰でも差別する可能性がある」という基本でした。

実は、答えへの手がかりは、私が当時生きていた世界や自分の身の回りにたくさん落ちていたのです。

私は大阪生まれ大阪育ちです。一九七〇年代大阪では部落解放運動や障害者解放運動が急速に展開していました。私が通っていた市内の中学校の校区には大きな被差別地域があり、そこから通ってくる友人も多く、中学校は人権教育、解放教育のモデル校でした。

しばらく前でしたが、校区内にある被差別地域出身で当時の運動を中心的に進めていた男性二人と会ってお話をうかがう機会がありました。二人とも、もう八〇歳近いであろう老齢になられていたのですが、彼らに当時の話や今の運動の課題などうかがうなかで、「人は誰でも差別する可能性がある」という考えをどう思うかと問うてみたのです。

彼らはすんなりと「そのとおりだよ」と言いました。「私は若い頃がむしゃらに運動を進めてきたが、他の差別問題への理解ができていたのかと考えれば、そうではないだろうと思います。障害者問題は、障害者たちの集会に参加して、連帯を表明すれば、理解できたと思い込んでいたところはありますね」と淡々と語ってくれた姿は、印象深いものがありました。

もちろん先に述べたように、彼らは、ただ「普通」に安住して生きている多くの私たちとは異っていて、長い時間をかけ自らの被差別性を考え抜いた結果、他者理解や人間理解が深まると同時に、感性や理性が磨かれ、結果的に他の差別事象に対しても鋭い感性を持っている場合が多いのではないかと思います。しかし、もしそうであるとしても、差別を受ける人々であるからといって、他の差別事象を真に理解できると言い切ることなどできません。いわば私たちは、それぞれの被差別性がどうであれ、他者を差別する可能性からは、誰も逃れ得ないと私は考えます。

人は誰でも差別する可能性がある。こう考えてしまうと、救いようがないかもしれませんね。もし差別をしてしまえば、そのことを常に周囲から言われ続け、差別者としての〝烙《らく》印《いん》〟を押されて生きていかざるを得ないのでしょうか。そう考えることで私たちが差別という出来事から距離を取ってしまうという結果にならないのでしょうか。

こう書きながら、ある学生の表情を思い出します。前の大学の調査実習でハンセン病者の生活史を丹念に聞き取った本を読んでいたとき、ある学生が自らの経験やその時の思いを語ってくれたことがありました。

帰省して政治家の事務所でアルバイトをしていたとき、夏祭りのボランティアで岡山にあるハンセン病療養所に行ったのだそうです。学生はそれまでハンセン病者と出会ったこともないし、この問題について、とりたてて詳しい知識を持っていませんでした。学生は彼らと初めて直接出会い、驚くとともに気持ちが悪くなったというのです。

「先生、この感情は差別でしょうか」。学生は当時の自分の反応を思い返し、もうしわけなさそうに語っていました。

「いや、別に差別なんかじゃない。初めて会い、そうした感情をもってしまうのは、ある意味自然なことかもしれない。大事なのは、そう感じた後のことであり、感じた自分をどう考え直していくかだろう。もしその後、この問題や彼らの生きてきた歴史などを理解するなかで、そうした感情が固まってしまうとすれば、それは差別的なものになるかもしれない」という内容のことを、私は語りました。

私の話を聞きながら、気持ちが悪いと感じた自分の姿を良くないものとして、即座に否定するのではなく、まずはそうした自分の姿を認めたうえで、それを見つめなおし、そこに何があるのかをじっくりと考え直せばいいことに気づき、硬かった学生の身体や表情がなにか本当にほっとしたように和らいでいくのが、印象的でした。

私たちは自分が差別をしたと周囲から指摘されることに、なぜこれほどまで怯《おび》えるのでしょうか。あるいは差別をするかもしれない自分の姿を考え直そうとするとき、なぜこれほどまで自らの思いや感情、身体までもが緊張し固まってしまうのでしょうか。

私は、私たちが持ってしまっている、こうした〝差別をめぐる構え〟から、なんとか崩したいと考えています。

世の中には、ある人々をめぐる根拠のない「決めつけ」や恣意的な「思い込み」があり、ある問題や出来事をめぐり「歪《ゆが》められ」「偏った」理解の仕方などがあります。「差別する可能性」とは、世の中に息づいている、こうした他者理解や現実理解をめぐる知や情緒に私たちが囚われてしまう〝危うさ〟のことです。こうした知や情緒を私たちが生きていくうえで適切であり必要なものなのかを批判的に検討しないで、そのまま認めてしまう〝危うさ〟のことです。

さらに言えば、「差別する可能性」とは「差別者になる可能性」ではありません。むしろ私たちは、自らの「差別する可能性」に気づけば、それを修正し、他者に新たに向きあい、理解するための指針として活用することができます。つまり、この可能性は「差別をしない可能性」に変貌すると私は考えています。

ではいったいそもそもどこに、この根拠のない決めつけや恣意的な思い込み、歪められた知や情緒が息づいているのでしょうか。それらは、まさに「普通」に生きたいと考える私たちの「常識」に息づいており、「普通」の中で、活《い》き活きとうごめいているのです。

「普通」とは何か

私たちは、「普通」でありたいと望みます。また自分は特別ではなく、差別という出来事からも遠い、「普通」の人間だと思う場合も多いでしょう。ただ「普通」であることは、差別をめぐる関わりから一切私たちを切り離してくれる〝保障〟などでは決してありません。むしろ「普通」の世界には、さまざまな「ちがい」をもった他者をめぐる思い込みや決めつけ、過剰な解釈など、歪められ、偏り、硬直した知や情緒が充満しており、こうした知や情緒を「あたりまえ」のものとして受容してしまう時、まさに私たちは「差別的日常」を生きているといえます。

こう考えていけば、差別はけっして特別な誰かが特別な誰かに対して起こす限られた社会問題ではありません。それは私が生きて在る日常のなかでいつでも起こり得る普遍的で普通の現象です。だからこそ、声高に「差別はしてはいけない」とだけ叫ぶのではなく、まずは私が「差別する可能性」「差別してしまう可能性」を認めたうえで、なぜそんなことを私はしてしまうのかを思い返すチャンスとして、つまり〝よりよく他者を理解し生きていくための大切な指針〟として「差別」を活用すべきではないでしょうか。

「普通であること」を見直すことから自らが思わず知らずはまり込んでしまっている差別する可能性を掘り起こし、自分にとってより気持ちのいい「普通」とは何かを考え直し、そこに向けて自分にとっての「普通」を作り替えていくこと、新しい「普通」を創造していくことこそ、「差別を考える」ことの核心に息づいています。

ところで、なぜ私は「差別を考えること」が重要だと言っているのでしょうか。

それは他者と繋《つな》がる〝ちから〟を得る原点だと考えているからです。自らの「普通」や「あたりまえ」を掘り崩して、さらに「差別」という「問題」を理解しようとします。そうした過程で、私たちは異質な他者や他者が生きてきた圧倒的な〝現実〟と出会うことができるでしょう。そこには自分がこれまで想像もできなかったような厳しい生があり、厳しい生のなかで「ひと」として豊かに生きてきた他者の姿があります。こうした他者の姿と出会ったとき、私たちは二つのことを実感するでしょう。

一つは、いかに他者と繫がることが難しく厳しいものであるかということです。今一つは、他者と繫がることでいかに優しさや豊かさを得られるのかということです。この二つを実感するからこそ、他者と多様で多彩な〝距離〟があることに驚き、悩み、苦しみながらも、他者を理解し繫がりたいという〝意志〟が「わたし」のなかに沸き起こってくるのです。

いま、世の中では、さまざまな理由から、「わたし」と他者が繫がる〝ちから〟が萎え、他者と繫がる可能性が奪われつつあります。「わたし」が、そうした〝ちから〟をとり戻すためにも、「差別する可能性」とは何かを考え活用し、「差別的日常」を詳細に読み解き、「わたし」が気持ちよく生きていける意味に満ちた、新たな「普通」を創造する必要があるのです。

少し先を急ぎすぎたようですが、次のテーマに移りましょう。

第三章　カテゴリー化という問題——他者理解の「歪み」を考える

差別は、私たちが他者を認識し理解しようとする過程で起こる現象です。さらに言えば、私は、他者認識や理解をめぐる「偏り」「歪《ゆが》み」「硬さ」から差別が生じると考えています。私たちは普段、さまざまな機会や場面、状況で、まさに多様な差異をもつ他者と出会わざるを得ないし、その意味で、他者を認識し理解するという営みは、いわば私たちの日常の「あたりまえ」のなかで、普遍的に生じているものです。

こう考えてみれば、差別とは、私たちが他者とともに日常を生きている「あたりまえ」の世界で、なかば必然的に起きてしまうものと言えるのではないでしょうか。

ところで、私たちは普段、他者をどのように認識し、理解しているのでしょうか。基本的な問いから考えてみたいと思います。

カテゴリーをあてはめる

人間というのは、一人ひとり違うし、一人ひとりかけがえのない存在だ。だからこそ、相手を本当に理解しようと思ったら、その人にまっすぐ向き合い、人となりを丸ごと受けとめるようにしなければならない。

こんな感じの人間理解をめぐるメッセージはよくみられますし、私もそのとおりだろうと思います。ただ、私たちは、普段他者と出会うとき、こんな感じの人間理解を実際に行っているでしょうか。あるいは、行う必要はあるのでしょうか。

日常生活世界のありようを詳細に読み解いたアルフレード・シュッツという社会学者がいます。彼は、普段、私たちは目の前にある他者を常に〝かけがえのない存在〟として向き合う必要はないし、実際、そのような他者理解はしていないと言います。

私たちは、普段、目の前にいる他者を〝他の誰でもない、かけがえのない唯一の存在〟としての「あなた」としてではなく、あるカテゴリーをあてはめることで〝ある意味をもった誰かさん〟として理解しています。

例えば、私には、一つのショック体験があります。前の大学に勤めていた頃、まだ私は五〇歳台前半だったと思いますが、生まれて初めて席を譲られた体験があります。待っていたバスが来たので乗り込むと、眼の前の席には男子高校生が座っていました。近くに私学があり、そこの生徒です。私が乗り込んだ瞬間、彼は私を見て「どうぞ」と言いながら、さっと席を立ち、私に譲ってくれました。私はその瞬間、なんともいえない戸惑いの感情におそわれました。おそらくは相手に伝わっているかどうかわからないくらいの小声で「あぁ、ありがとう」と言い、私は空いた座席に座りました。

いったいなぜ私は席を譲られたのだろうか。立っている高校生は、とても自然な感じだ。むしろ譲られた私のほうが、ぎこちなく緊張し、どこか居心地が悪そうな感じでした。高校生が席を譲るべきだと判断した理由。それはやはり私の外見にあるのだと思います。この新書を書いている今、私の髪の毛は、ほとんどが白髪となっています。ただ白髪になってきたのは、五〇歳台も早いうちからで、当時も、かなり白かったのです。高校生は、私の白髪を見て、私の年齢を想像し「高齢者」だと瞬時に判断し、席を譲ってくれたのでしょう。

このとき、私の実年齢など関係ないし、さらにいえば、私がどのような存在で、どんな心持ちでバスに乗り込んだのかも、関係ありません。彼は、彼なりの「高齢者の乗客」というカテゴリーをもっていて、それにあてはまる目の前の人間に対して、どのように対応すべきかを瞬時に考え、自らの行動を決めたのです。

当時、私は自分のことを「高齢者」と考えていませんでしたので、高校生の行為に戸惑うとともに、「えぇ，私ももう席を譲られる歳になったのかな」とショックを受けたわけです。

今はもう、私も〝立派な〟「お年寄り」ですが、先日、大学へ通う電車で、また席を譲られたことがありました。優先席に元気よくしゃべりあっている二人の若い女性がいました。彼女たちはアジアのどこかの国の言葉で話していて、私を見た瞬間、微笑《ほほえ》みかけ、一人がさっと立ち上がったのです。彼女の自然なふるまいに惹《ひ》かれたのか、私も「ありがとう」と言い、席に座りました。譲られた私も自然にふるまっていました。

周囲の人々は、この光景をどのように了解していたでしょうか。白髪のお年寄りが、アジアから来ている女の子たちに席を譲ってもらっていると多くの人々は理解したでしょう。「アジアから来た人」「若い女の子」「白髪のお年寄り」。こうしたカテゴリーをあてはめることで、当事者のみならず周囲の人々の了解もすべて自然に行われています。

「眼の前に年寄りが立てば、寝たふりをしろ」といった〝慣習〟が、私たちの日常にしっかりと息づいているなかでは、男子高校生や女の子たちの行為は、いわば善意に満ちたカテゴリー化であり、さらに言えば〝過剰な〟カテゴリー化ともいえるかもしれません。ただ、善意に満ちたカテゴリー化は、それを向けられた人間にとって、なかなか抗いがたい力をもつことを、私は、自らのショック体験から実感しました。

一〇〇人いても大丈夫！

また私は、大学で、二四〇人は入る大講義室で毎週講義をしています。中高校の義務教育ならいざしらず、ここは大学であるし、どのようにして毎日をすごしていくのかを自分で決めることができることこそ、大学生活の核にあると思っているので、私は講義では、一切出席はとらないと決めています。そして講義の冒頭に、なぜ自分は出席をとらないのか、大学とはどういう場であり、自分が大学生であったころ、どのように過ごして必要な単位など取ってきたのかを彼らに話します。多くの学生は、うなずいてくれます。

すると、次回からはだいたい一〇〇人くらいの学生さんが、講義室で席を温めています。私は学生さんたちに、「私の目の前には一〇〇人くらいの人間がいる。そうした人を目の前にして、私はなにも驚かずに、なぜ話し続けることができるだろうか」と問いかけ、その理由を語っていきます。

細長い教室。四人座れる長机が固定され、四列で教室の後方まで整然と並んでいます。そこに全員が着席すれば二四〇名となるのですが、そんな状況はまず起こりません。だいたい、後ろのほうから埋まり、一番前の座席はほぼいつも空いています。私のゼミや演習を履修している学生さんがいれば、「あぁ、あの子だな」とわかりますが、大半の学生の名前などわかりません。それでも私は、大量の人間を前にして、ドキドキしたり、不安になったり、苛立ったりはしません。なぜでしょうか。

目の前にいる人間の群れは、「学生」というカテゴリーをあてはめさえすれば、私にとって必要十分な意味をもつ存在となるからです。つまり、一〇〇人いても大丈夫！　なのです。もちろん、この「学生」というカテゴリー化は、それだけで意味があるのではなく、私が「教員」であることと対になっています。逆に言えば、さまざまに異なる人間の群れが、ざわざわと騒ぐくらいの乱れでも、私という一人の他者が向き合っていられるのも、この〈学生―教員〉というカテゴリーの対をお互いにあてはめながら、その場にいるからなのです。

さらに言えば、私が彼らにあてはめる「学生」カテゴリーにはさまざまな意味が含まれています。「講義など関心がないが、どこかに行くのもめんどくさいので、そこに座っている学生」「講義はさておき、友達とのつながりを大事にしようと、講義の邪魔をしないように静かに雑談し、盛り上がっている学生」「スマホをいじりながら、何か他のことに熱中している学生」「スポーツクラブ所属で、毎日の練習でエネルギーを使い、講義には出たくないが、出ることが義務付けられているため、教室の最後列で静かに寝ている学生」等々。顔をあげ、こちらを向いて私の話を聞いている学生は、やはり講義の回を追うごとに、私も顔を覚えるし、彼らの表情を見ながら、自分の話が伝わっているかどうかを気にすることもできます。しかし、それ以外の学生は黒板から遠く離れて座っていて、顔など判別できないし、後ろのほうの学生たちが何を考え、何をしているかなどは、講義している私に十分わかることなど、まずは難しいです。

つまり、大講義室で一〇〇人に向き合っても、私が動じないのは、彼らを「学生」と一括《ひとくく》りにして了解し、「学生」というカテゴリーを満たしている意味を参照しながら彼らの様子を理解しているからであり、「教員」として彼らに対して何をどのようにすべきかを考えながら講義しているからです。

ところで、大学で講義するとき、一〇〇人くらい学生さんがいれば、当然配慮すべきことがあります。しばらく前であれば、配慮すべきだなど思いつきもしないことですが、いまは配慮することが「あたりまえ」となっています。それは、目の前の人間のなかに同性愛など性的な多様性を生きている当事者が確実にいるということであり、在日外国人の学生がいるということです。もしそうした当事者を想定しないと、思わず冗談にならないような配慮を欠いた発言をし、私は彼らに〝生きづらさ〟を与えてしまう危険性があるでしょう。そうであれば、決して「一〇〇人いても大丈夫!」にはなりません。

普段、さまざまな生活の場、仕事の場で、私たちが「あたりまえ」に使ってしまっているカテゴリー化という営みのなかに、他者に〝生きづらさ〟を与えてしまう〝危うさ〟がしっかりと息づいているのです。

バルセロナの人は「関西人」？

普段私たちは、さまざまな場所や時間で他者と出会います。時に意味を〝過剰に〟盛ることで、目の前の他者を笑ったり、からかったりして状況や事実自体を楽しむことがあります。

数年前、私はかみさんとスペインを旅していました。私たちは、古い教会や建物、市場など、人々の暮らしや街の様子を自分の足でゆっくりと見て歩くのが好きです。

グラナダを歩き、セビーリアを歩き、バルセロナに移動しました。まず街の大きさに驚きます。地方の小さな都市に比べ、バルセロナはやはり大都会です。そしてそこはカタルーニャ地方の中心でもあります。空港での案内は、カタルーニャ語、スペイン語、英語の順で表記されていましたし、街の多くの建物の窓には、カタルーニャの旗がかかげてありました。バルセロナはスペインではないのだなと実感しました。この問題をここで語るのも面白いのですが、まずは本章の主題にもどりましょう。

バルセロナの街を歩きながら、私たちは、ある事実を発見し、面白いなと思っていました。バルセロナにはいたるところに信号があります。自動車の交通量が多い広い通りには当然ですが、ほとんど車の往来がないような狭い、小さな交差点にも、しっかりと信号があるのです。当然のことですが、私たちはそうした場所で信号が変わるのを待っています。しかし、地元の人たちは待っていませんでした。左右を見て、車が来ないことがわかれば、すぐに通りを渡りますし、信号が変わろうとすれば、すぐに渡りだしました。最初、私は、危ないなと思っていたのですが、車が通らないのに、狭い通りで信号待ちをしていることが、だんだん理屈に合わないような気がしてきました。それで、街歩き二日目くらいからは、地元の人と同じように、信号を〝適切に〟無視して通りを渡っていたのです。

私は、こうした地元の人の様子を見ていて、思わずこうつぶやきました。「バルセロナの人は関西人やな」と。関西人はじっと信号が変わるまで待つことはできず、変わりかければ、すぐに通りを横断し始めるのです。狭い通りで、車が来ていないことがわかれば、信号が赤でも、平然と通りを渡ります。関西人は「いらち（方言で、落ち着きがない人の意味）」であり、意味がないなと思えば、そこにある小さな秩序を破ることにあまり抵抗感はありません。私自身、大阪生まれなので、こうしたことはとてもよくわかりますし、普段の行動を考えれば、やっぱり自分も関西人かなと思います。

もちろん、バルセロナの人がすべて信号を守らないということはないでしょう。また関西人もすべてが自分勝手で、好きに交通ルールを破ったり日常の秩序を無視したりはしないでしょう。そうした人がいるのも確かであり、「関西人」というカテゴリーにいわば〝過剰に〟意味を盛って、からかいや笑いのための道具として、私たちは普段、よく使ってしまいます。

大阪のおばちゃんはいつもヒョウ柄の服を着ているし、飴《あめ》を持っていて、すぐ誰かに「あめちゃん、いらんか」「あめちゃん、食べへんか」と飴を惜しげもなくくれます。バラエティのテレビ番組でこうした姿を面白おかしく取り上げられることはたびたびあります。大阪生まれ大阪育ちの私は、子どものとき、近所のおばちゃんから何度も飴や菓子をもらったし、「そのとおり」と思わず膝を打ち、納得する光景をいくつも思い出し、笑っていました。ただ別に改めて真剣に考えこまなくてもわかりますが、「大阪のおばちゃん」すべてがヒョウ柄で、飴を常備し、いつも誰かにふるまうことはありません。こうしたカテゴリー化やエピソードは明らかに、大阪で暮らしている中年女性に対する陽気な「からかい」であり明るい「笑い」です。そしてその「からかい」や「笑い」には、彼女たちへの悪意や攻撃の意図は、まずありません。

バルセロナの人は「関西人」。これも〝過剰に〟意味をこめて、相手を決めつけていくカテゴリー化と言えるかもしれません。ただ、そこには悪意や排除に向かう決めつけというよりも、関西人である私と〝同じ匂い〟を感じることからくる親密さの決めつけとでもいえるものがあり、やはり「からかい」や「笑い」を醸し出すカテゴリー化だと言えるのではないでしょうか。

時代によって変わる差別の姿

カテゴリー化の「歪み」「偏り」について、考えていきたいと思います。

私たちが理解している常識には、もともと「歪み」や「偏り」があるカテゴリーがあり、それらが「あたりまえ」の如《ごと》くに使われていた日常があります。

「群盲象を評す」「群盲象をなでる」といったことわざがあります。これは目のみえない人が数人集まり、それぞれが象をなで、自分が触れた部分のみの印象から勝手に象とは何かを語り合うという状況をあらわしたものです。もともとインドの寓話《ぐうわ》で仏教の教えを説くものですが、一般的には、視野の狭い者はいくら多く集まったとしても、それぞれの見方で理解したことを述べあうだけであって、結果として物事の本質が理解されるわけではないという意味をもつことわざです。

さて「群盲」とは目の見えない人の群れのことです。そしてこのことわざの示す教訓が成立する大前提が、目の見えない人には象はわからない、ということであり、目の見えない人がいくら多く集まって象を触りまくっても、象とは何かがわからない、ということなのです。つまり目が見えないということは、人がものを考えたり、理解したり、さらには生きていくうえで、疑問の余地がないほどにマイナスであり、このマイナスは、私たちが多くの出来事や人々の営みをマイナスに評価する場合、ごく自然に「あたりまえ」のように用いられていたと言えるのです。

「群盲」「めくら」など、こうした言葉は、今でこそ差別的な意味合いをもつ表現として、使わないようにすべきだという了解が世の中に広まっていると私は思いますが、子ども時代、日本が急速に高度経済成長を遂げ、一気に近代化していった昭和三〇年代、四〇年代では、まさに「あたりまえ」のように使われていました。たとえば、映画やテレビドラマのせりふで「そんな簡単なこともわからないの。あんた、めくらか」と使われるように。確かに今から考えれば、こうした差別的な表現が日常に息づいていたこと自体は、恥ずかしく、否定すべき事実かもしれません。でも私は、簡単に否定しておしまい、ではなく、なぜ、どのようにして、私たちは「差別的な日常」を「あたりまえ」のこととして生きていたのかを、じっくりと考えるほうが、より生産的だと思います。

座頭市の「どめくら」と「おめくらさん」

昭和時代の大衆娯楽映画の名作として『座頭市』シリーズがあります。市《いち》という盲目の按《あん》摩《ま》が主人公なのですが、実は彼は仕込み杖《づえ》（盲人用の杖だが、そこに刀が仕込まれている）を持ち、居合抜きの達人なのです。市が訪れた宿場で、かならずトラブルが起こり、市はそれに巻き込まれながら、お得意の居合で悪人を斬りまくり、トラブルを解決して、また去っていくという定番のヒーロー時代劇です。勝新太郎《かつしんたろう》という名優が市を演じていたのですが、居合で瞬時に人を倒すかっこよさ、爽快さに魅《ひ》かれ、子ども時代私も熱中し、父親に連れられ映画館に通いました。

悪いやくざたちを驚かせ、くやしがらせる場面として、映画ではいかさま賭博を暴くシーンが必ず登場しました。定番のシーンです。市がさいころの音に聞き耳をたて（具体的に市の耳が映像でアップされます）、目が見えている他の客ではわからない、さいころの音の微かな変化に気づき、細工されたさいころを居合で真っ二つにして、いかさまを暴いていきます。盲目というハンディがあるからこそ、逆に超人的な聴力があり、それを使って正義を行う主人公のヒーロー的姿が象徴されるのです。もちろん、市は単なる正義漢などではありません。ダーティな面もあるアンチなヒーローであり、目が見えないことを逆手にとって、いかさまもどきの博打をして、やくざたちから金を巻き上げてしまうというしたたかさも映画では描かれています。

　そしてやりこめられるやくざたちと市の活躍を見て、観客は喝采し留飲を下げることができる痛快娯楽映画には、「あたりまえ」のように「めくら」という言葉が使われていました。やくざの親分や子分は、市に見事にからかわれやりこめられたとき、腹立たしい気分をぶちまけ、わざわざ強調するかのように「ど」をつけ、「この、どめくらが」と吐き捨てます。平然と「めくら」という言葉を連呼し、市を馬鹿にし、強がってみせるやくざを描く一方で、市を慕う人々や、やくざの仕打ちに悩まされ困っている人々は、市のことを「市さん」「市つぁん」と呼び、決して「めくら」とは呼びません。腹ぺこの市に飯を出す宿の女中は「おめくらさん」と丁寧に呼び、市に同情や憐《あわ》れみをかけているように見えるが、そこに馬鹿にしたり、排除する意思は感じられません。

つまり「めくら」という言葉は映画に頻繁に登場しますが、「悪」は「めくら」を使い、「善」や「普通」は原則「めくら」を使わないという明快な図式なのです。

座頭市映画には、盲目のアンチヒーローという定番のイメージがあり、私たちは善悪がくっきりと分けられた明快な図式に安住して、目の前で展開する市の超人的な映像を楽しんでいました。私たちは、普通の善人をよりどころとし、彼らの背後に安住しながら、映画を楽しむことができたと言えるでしょう。映画を楽しんでいる時、私たちは「めくら」と馬鹿にされる人が実際はどのような存在であり、いかなる現実を生きているのかなどを想像する必要はまったくありませんでした。その意味で映画は日常から確実に切り離されたフィクションとして、私たちは「安定」した場所から、座頭市映画を楽しむことができたのです。

翻って考えてみれば、それは私たちが当時、ある事実を生きていたことを明快に示していると言えるでしょう。つまり、私が子どものころ、「めくら」「きちがい」など差別的な意味合いをもつ言葉が、「あたりまえ」の日常に息づいていたという事実です。

古い作品のＤＶＤには、必ず「本作品には一部不適切と思われる表現がございますが、著作物のオリジナル性を尊重し、あえて手を加えずに収録しております」という小さな活字の注意書きが書かれています。この注意書きを見て、私たちは「あぁ、この映画には差別的な言葉が使われているのだな」と了解したうえで、当時、どのような状況で差別的な言葉や表現が使われていたのだろうかと、作品自体の価値や意義とは関係ないところで、〝かつてあった差別的日常〟や〝生活の中に息づいていた差別的なリアル〟を感じ取り、それを批判的に考えることができるという「楽しみ」が与えられているとも言えます。

『ズートピア』はユートピア?

私は、映画やドキュメンタリーをよく見ます。かつて大学生だったころ、面白くない授業はほとんど出ないで、朝から夕方まで名画座に入りびたっていましたし、オールナイトの特集があれば、名画座で朝まで過ごしていた〝映画オタク〟です。もちろん無類の映画好きということもあるのですが、私は、こうした映像作品は〝社会学する〟うえでとても大事な資料だと考えています。

映画やアニメ、テレビドラマなどの映像作品、加えて多くのマンガやコミックは、他者や組織、制度、人間のつながりなどを考えるうえで優れた資料であり、それらを丁寧に読み解くことで社会学的な想像力が養われ洗練されていくと私は考えます。「差別を考える」うえでも、こうした映像作品は芸術的か大衆的で娯楽的かを問わず、とても重要でわかりやすい手がかりを与えてくれます。

例えば、あるアニメを思い出します。『ズートピア』(二〇一六年)というディズニー作品です。公開当時日本でもヒットしたので見ている方も多いでしょう。動物の世界が進化し、弱肉強食が克服されて、肉食動物も草食動物も一緒に暮らすことができている「ズートピア」という大都会が舞台です。ディズニーお得意の擬人化された動物が可愛く、CG技術も素晴らしく、ストーリーの展開も見事で、私も思わず惹《ひ》き込まれ、一気に見てしまいました。

田舎でニンジンを育てる平和で安定した暮らしではなく、ズートピアへ出て警官になることをめざすウサギのジュディ。ジュディがキツネの詐欺師ニックと協力して事件を解決するなかで、差別を乗り越え互いに信頼を築きあげていく物語なのですが、さすが洗練されたアニメです。シーンのどこをとっても、とってつけたような押しつけがましい〝啓発臭〟はなく、素早い展開に思わず私たちは見入ってしまいます。

でも改めてDVDを見直すと、つっこみをいれたくなるシーンがいろいろあります。ズートピアって本当にユートピアなのだろうか、肉食と草食はいったいどのような秩序のなかで一緒にくらしているのだろうかと。

たとえばジュディが列車で田舎からズートピアへ向かうシーン。巨大な列車が駅に着くと、大中小の三つのドアがあり、大型、中型、小型の動物たちがそこから整然と降りてきます。キツネのニックがゾウの店でアイスを買うシーン。売り子のゾウはニックをみて、アイスを売るのを拒否し、自分たちの町の店で買えと言います。明らかにゾウはキツネのニックを見下しているのです。このシーンを見て私は、交通機関や学校などの公共的機関、レストランなどで白人と有色人種の分離を制度化していた公民権運動以前の人種分離法を思い出していました。

またジュディがイタチの窃盗犯を追いかけ、大捕り物をするのですが、走り回った所は、小動物のネズミたちが暮らす「塀で囲まれた街（the gated community）」です。それは、ジュディたちが事件を解決するのに〝裏〟で協力するマフィアのボスの娘の命を救うことになる重要なシーンでもあるのですが、私は楽しみながらも、「なんで塀に囲まれているの？いったいこの都市は多様な動物たちをどのように棲《す》み分けさせているのだろうか」とズートピアの〝ユートピア〟性とは何だろうかと考えていました。

このシーンを見て私はさらに、かつて子どもの頃夢中になっていた空想特撮テレビシリーズの傑作『ウルトラQ』を思い出しました。「1／8計画」という回があります。そこでは巨大な怪獣も怪人も最新兵器も出てきません。東京の人口が急激に増加し、その対策として人間のサイズを八分の一にする計画が実行されるのです。殺人的な通勤ラッシュもない、平和で安定した暮らしができると宣伝し希望者を募ります。希望者を縮小し、建物などすべて八分の一にした〝街〟へ送り込みます。計画を進める側は、巨人あるいは神のごとくに〝街〟を外から眺めています。小さくした人間を塀の中に住まわせ、大きな人間たちが管理するという、けっこう怖い話でした。

思い込みや決めつけからの解放

『ズートピア』について、さらに細かいつっこみを入れることはできますが、この作品の核心に戻りましょう。ウサギのジュディとキツネのニックのやりとりです。ウサギは平和や安定、闘争をしない象徴として描かれ、一方キツネは他の動物を騙《だま》し、本当のことはいわない存在でさらに、肉食動物だがパイソンやトラのような猛獣ではなく、中途半端な肉食として描かれます。人を騙すキツネやタヌキという「常識的」イメージが過剰に強調され、ズートピアにおいてもキツネは他の動物から怪しげな存在として避けられています。

実は、ニックは子ギツネの頃、強烈な差別を受けていたのです。ニックはジュニアスカウトに入り、みんなと仲良くできると喜んでいました。しかし他のメンバーはすべて草食動物でした。悪賢い肉食のキツネだからとみんなで押さえつけ、襲えないように無理やりニックに〝口輪〟をはめたのです。おそらくズートピアの秩序ができていく過程で、猛獣が〝口輪〟で拘束されていく歴史があったのでしょう。〝口輪〟は肉食動物にとって被差別の象徴なのです。心の奥にこうした傷を抱えながらも、周りがそう思うのなら、弱みを見せず、思われる通りの「キツネ」として生きてやろうとするニックの姿は、なかなか深いものがあります。

印象的な二人のやりとりがあります。失踪していた肉食動物すべてを救い出すという手柄を立てたジュディ。その時点では、失踪した肉食動物が野性に戻ったかのような凶暴さを持っていた真の原因もわからず、事件はまだ解決していませんでした。しかしジュディは記者会見で肉食動物の野性が何らかの原因で目覚めてしまったのではと語ってしまうのです。記者会見を傍らで聞きながら、ジュディの発言に驚き、でもやっぱりそうかと考えるニック。二人のやりとりです。

「生物学的な要素だと。凶暴な野性が目覚めてしまった？　本気？」
「事実を述べただけよ。ウサギは凶暴じゃないわ」

「でもキツネは凶暴か？」

「あなたは連中とは違う」

「今度は〝連中〟かよ」

「あなたは、あんな肉食じゃない」

「口輪が必要な？　決してコン・スプレー（キツネ撃退用スプレー）が手放せないような？　最初から身に着けてたろ？　一つだけ聞くが、俺が怖いか？　正気を失うと？　野性が戻ると？　もしかしたら、お前を食うと？」（と襲いかかるふりをするニック）

（思わず後ずさりして、コン・スプレーに手をかけてしまうジュディ）

「やっぱりな。信じてくれたとばかり。肉食動物は相棒にしないことだ」（ニックは警官の申込書をジュディに渡し、去っていく。申込書は既に記入されていた）

「待って！　ニック！」


肉食動物は野性に戻れば凶暴で草食動物を襲う。凶暴さは草食動物にはないのだから、やはり肉食動物のどこかに原因があるに違いない。キツネも肉食動物だから、同類の〝連中〟だ。ニックはキツネだけれども信頼しているから、他のキツネとは違うのだ、と。

ズートピアという理想郷で警官として正義の仕事をしようと頑張っているジュディ。でも肉食動物をひとくくりに凶暴だと決めつけ、ニックは例外としながらも、キツネもひとくくりに差別していることを語りだす見事なシーンです。ニックに指摘されるまで、ジュディは思わず知らずに抱いていた肉食動物への思い込みや決めつけに囚われている自分の姿に気づけませんでした。

ストーリーのなかで「差別を考える」ことができるシーンを違和感なく埋め込んでおり、さすが優れた娯楽作品です。

事件がすべて解決し、新たな日常が始まろうとするシーン。市民に向かって壇上から語りかけるジュディ。警官バッジを胸につけた〝相棒〟のニックが微笑んで見ています。

「私は子供の頃、ズートピアを理想の地と思ってました。みんなが仲良く暮らし、誰もが何にでもなれる。でも現実の世界はもっと複雑です。標語通りにはいきません。現実はとても厳しい。誰にも限界はあるし、過ちも犯します。でもだからこそ共感し合えるんです。互いを理解しようとすれば、もっとみんなが輝けます。でも努力しないと。

あなたはどんな動物でしょう。最大のゾウに、初のキツネ警官。みなさんに伝えたい。

努力を。よりよい世界のために、世の中を変えるには、まずあなたから、そして私から、すべての動物からです」

「あなたはどんな動物でしょう」。まさにこのメッセージは、見ている私たちに向けられていると実感します。

さて、すでにおわかりだと思いますが、「ウサギ」「キツネ」「パイソン」「ゾウ」「ネズミ」「ヒョウ」「オオカミ」「ホッキョクグマ」などは、すべて「カテゴリー」であり、映画では、それぞれに見合う〝典型的で〟〝澄んで濁りのない〟意味を提供しています。私たちは、そうした意味を〝適切な〟ものとして了解し、各シーンやストーリーの展開を楽しんでいます。ディズニーアニメのうまさは、こうした「カテゴリー化」の〝妙味〟にあるようです。

だからこそ、ラストの「あなたはどんな動物でしょう」というメッセージは、観ている私たち、つまり「人間」というカテゴリーにとても自然に繋《つな》がっていくのです。

カテゴリー化という問題とは

カテゴリーをあてはめて、他者を了解するという営みは、すでに述べているように、私たちの日常生活にとって、基本であり、誰もが回避し得ない重要なものなのです。そして、その営みを手がかりとして差別を考えようとするとき、どのような問いを準拠とすればいいのでしょうか。

人々の社会学的営みそれ自体を根底から読み解こうとした二〇世紀アメリカの優れた社会学者にハーヴェイ・サックスという人がいました。惜しいことに自動車事故で若いうちに亡くなってしまったのですが、サックスは社会学的なものの考え方を豊かにする多くのヒントを残してくれています。

カテゴリー化という問題を考えるうえで重要な点。

一つは、ある人々や集団を示すカテゴリーを誰が所有しているのかという点です。さらに言えば、ある人々や集団を示すカテゴリーは当該の人々や集団が所有しているのではなく、支配的な社会や文化が所有し、そこに込められる意味を決め、当該の人々や集団にあてはめようとする点です。

もう一点。それは自らを名指すカテゴリーを支配的社会や文化から取り返し、そこに自らにとって適切な意味を新たにこめていく可能性を考えることです。また新たに自らを名指すカテゴリーを創造し、実際にそのカテゴリーを自らにあてはめ、新たな意味に満ちた存在として主張することを通して、旧来の社会や文化に対抗していく革新的な営みを考えることです。

サックスが示してくれたヒントは、私たちがかつての世の中、そして今の世の中に「あたりまえ」として息づいている差別的見方を批判的に捉え返すうえで、大切なものなのです。

たとえば一つの例を考えてみましょう。いま、クールジャパンとして日本のアニメやコミックが優れた文化であり芸術だとして全世界に知られています。その草分け的な存在として手塚治虫という漫画家がいました。彼は、日本の漫画家にとってカリスマ的な存在であり、「鉄腕アトム」「リボンの騎士」「ブラック・ジャック」など数々の名作、傑作を生みだしてきました。

ちなみに私にとって手塚治虫は、身近な存在でした。なぜなら彼は私の出身高校の遠い先輩であり、手塚が高校生時代に図書室に残した落書きは、貴重な記念としてそのまま保存されていました。「あぁ、こんなところに落書きしていたのだな」と、私も含め多くの高校生は驚きとともになにか誇らしげに見ていました。

さて、手元にある手塚の作品集には、出版社が書いた興味深い「あとがき」があります。

すべて引用することはしませんが、概要はこうです。手塚治虫の作品の中には、その一部に人種差別や偏見につながる表現があると指摘されている。これらの作品が発表された当時、作者にはもちろん読者にも差別意識はなかったのだが、こうした描写を差別や偏見だと感じる人がいる以上、その声に真剣に耳を傾けるべきだ。著者の原作を尊重し、作品の底に流れるヒューマニズムを正しく伝えるべく、当時のままで作品を提示するが、読者は見落としがちな人種差別や偏見について、いっそうご理解を深めていただきたいと。

人種差別や偏見につながる表現とはどのようなものでしょうか。たとえば黒人であれば、分厚い唇がことさら強調され描かれていたのです。これは漫画などでよく使われているデフォルメとでも言えるのですが、確かに黒人とはこんな存在だと決めつける表現であることも確かでしょう。ただ私はあとがきにあるように当時著者や読者に差別意識があったか否かという人々の意識の次元だけで了解することには同意できません。

なぜ手塚はそうした表現を採用したのでしょうか。漫画はたとえ扱うのが難解なテーマであったとしても、誰にでも楽しめるものではないでしょうか。とすれば漫画には、誰がみてもすぐわかるような表現が必要となるでしょう。「みてわかる」とは、まさにサックスの言う支配的社会や文化が所有しているカテゴリーを用いることで円滑に達成できるのです。つ

ダッコちゃんを腕につけた女性

まり手塚は、創意工夫で独自の表現を創造したことは確かですが、同時に当時支配的であった人種や民族の了解の仕方をそのまま踏襲していたと私は考えます。

たとえば当時「ダッコちゃん」という、まさに黒人の女の子をデフォルメしまくったようなビニール人形が大ヒットしたことがあります。若い女性はそれを腕につけて街を歩いていました。また私が大好きだった怪獣映画にはよく南洋の島やそこで暮らす人々が登場しましたが、彼らの姿や演技は今から見れば、差別的だと批判する以前に、滑稽だとしか言いようがないものでした。日本人俳優が体を褐色に塗り、腰みのをつけ、槍《やり》や盾をもち、主人公の日本人が島にやってくれば、「むかし、日本人、いた」と片言の日本語をしゃべっていたのです。なんとお粗末な南洋のイメージでしょうか。「南洋」＝未開という粗雑な発想が怪獣映画という娯楽作品にもしっかりと息づいていました。

ある人々や集団、地域や状況を「きめつける」さまざまなカテゴリー化が「あたりまえ」のこととして、その時々の支配的社会や文化に息づいているのです。

何が差別なのかは、時代状況、被差別当事者の異議申し立てや解放運動などの影響でどんどん変化しています。また今の世の中においても「決めつける」カテゴリー化は、さまざまに生きているでしょう。だからこそ、誰が差別的かという差別者探しをするのではなく、どういった状況や営みのなかで差別的なるものが生じるのかを考えるべきなのです。

カテゴリー化を手がかりとして、日常に生起するこうした多様な営みをじっくりと読み解いていく作業こそ、「他者を感じ、差別を考える」社会学の核心なのです。

第四章　人間に序列はつけられるのだろうか

いまの世の中の特徴は何でしょうか。いくつか考えられると思いますが、まずあげられるのが「スマホのある日常」です。何をするにも、どこへ行くのも、もはやスマホは私たちの身体の一部となっています。画面を操作すれば、世界中の情報を手に入れられるし、ツイッター、インスタグラム、ＬＩＮＥなどＳＮＳを通して無数の他者と交信し、つながれます。この事実は、効率性や至便性という点で、すでに私たちの日常生活にさまざまな〝革命的変化〟をもたらしています。

ただいいことばかりではありません。スマホを通して私たちは、不特定多数で匿名の〝悪意〟とつきあわざるを得なくなっています。ＳＮＳ上で頻発する特定の個人や人々に対する誹謗《ひぼう》中傷という人権侵害です。具体的な事例はたくさんあります。ここでは本章でお話ししたいことへの導入として、ある事例を考えてみます。

新型コロナウイルスが感染拡大し日本で非常事態宣言が出ていたころ、政府は検察庁法の改正を強行しようとしていました。野党の政治家たちは反対し政府のやり方を批判します。

ところがツイッターで法案改正に反対する声があがった直後、膨大な数の賛同がネット上で起きました。一般市民だけでなく、有名な歌手や俳優、タレントなどいわゆる〝芸能人〟〝文化人〟の多くが、民主主義を踏みにじる法案改正強行に異議申し立てし批判する声をあげました。するとこの動きに対して、対抗する声があがりました。「歌手は歌だけうたっていればいいのだ」「芸能人は芸能人らしくしてればいいのだ」等々。〝芸能人〟には政治を語る資格もないし、力もない、今の政治に文句など言わず、おとなしく歌を歌っていればいい、という恫喝《どうかつ》であり誹謗中傷です。

普段、私たちは彼らの歌や演技に感動し、コントに爆笑し、彼らから娯楽や癒しを得て暮らしています。おそらく、彼らをバッシングした人々も同様でしょう。だとしたらなぜ、〝芸能人〟は自分の仕事だけしていればよく、政治など語るなと考え、具体的に恫喝するのでしょうか。その背後に人間の見方や職業の見方をめぐる伝統的で因習的な「偏り」が息づいていると考えます。

差別を考える手がかりとして、まず第一に、こうした「偏り」に焦点をあてたいのです。

「特別」な人間なんているのだろうか

私たちは、普段、さまざまな他者と出会い、他者との違いを感じて生きています。たとえばこの新書を書き始めた頃、日本では天皇の代替わりがありました。明治以降、「天皇に自らの意思で辞める自由」はなく、死ぬまで天皇であり、死んで初めて代替わりが行われてきました。今回初めて天皇が高齢のために国事行為が円滑にできなくなる恐れが出てきたという理由から辞めることを主張し、さまざまな議論があったものの、天皇の意思を尊重し、生きているうちに代替わりが行われました。

天皇の申し出による代替わりは、歴史を遡れば大変例外的なことなので、私は興味深く見ていました。天皇もまた私たちと同じように歳をとり、高齢となれば自分の仕事に支障をきたす恐れもあり、仕事を引退し、残りの人生を別に暮らすことができる「もう一人の人間だ」ということを示しているからです。また、天皇という仕事は、他の誰でもない、その人に張りついているもので、その人が死ぬ以外に剝がすことができない、いわば個別の存在に由来する何かであるという認識を覆し、周囲が認めれば、入れ替わることができる「役割」だということも明らかにしているからです。

もちろん日本の歴史的伝統や皇室について研究し、それを尊重したいとの考えをもつ人々からは、こうした議論はあまりにも粗雑で稚拙だと一笑に付されるでしょう。でも今回の代替わりという事件は、天皇は誰もが侵すことができない神聖な存在でもなく、その役割を演じている存在は、私たちと同じ「もう一人の人間」であり、その仕事は別の人間が引き継いでいけるのだ、ということを例証しています。そしてこうした見方は、改めて、天皇とはいったいどのような存在なのだろうか、天皇制が今も存在しているとして、こうした制度は私たちの日常的な人間の見方やものの見方にどのような影響を与えているのだろうか、などを考え直すことができる貴重な機会を与えてくれました。

天皇が代替わりする最中、マスコミではさまざまな意識調査をしていました。私の記憶に残っているのは、今の天皇や皇室に親しさを覚えるかどうかを問うているものです。確か六割以上が親しさを覚えると回答していたようです。太平洋戦争以前であれば、「現人神」であり、畏れ多い存在であり、「天皇」と言葉にするときですら緊張を強いられる存在でした。昔の戦争映画やドラマなどで、兵隊たちに訓辞をたれる上官が天皇に言及するとき、「畏れ多くも天皇陛下にあらせられては〜」と、これまでの語り口や姿勢を一気に修正し、突如直立不動の姿勢となるシーンをよく見かけるでしょう。

現代では、天皇を評価するためにカギとなる言葉は「親しさ」であり「親密性」です。しかし、私たちにとって天皇や皇室の人たちは、ただ「親しさ」を感じるだけの存在でしょうか。私たちが、自分の友人を「親しい」と感じ、「親しい」と呼ぶのと同じように天皇を「親しい」と評価しているのでしょうか。決してそうではないでしょう。親しみを感じているとしても、やはり天皇や皇室の人たちとは〝越えがたい距離〟を感じ、彼らを「特別な存在」だと了解しているのではないでしょうか。この〝距離〟感は、私たちが好きなタレントや憧れの俳優に抱く〝神聖さ〟や〝近寄りがたさ〟とも異なっています。タレントや俳優であれば、その気になれば会いに行けるし、サインももらえるし、握手もできます。自分から天皇に近づいていってサインを求めたりするでしょうか。毎年正月に行われる天皇や皇室の一般参賀も、防弾のガラス越しに彼らの姿をみるだけです。私は、この〝距離〟感が象徴する「特別さ」が問題だと考えています。そして「特別さ」の中身を考え直すことで、差別を考える手がかりとして重要な「人間の見方」とは何かを確認できるのです。

「貴い―賤しい」という人間の見方

さて、天皇や皇室の人たちに親しみを感じるかどうかは、人それぞれであり自由ですが、私たちのなかに、彼らは自分たちとは違う存在であり「特別な存在」だという了解はないでしょうか。もしあるとすれば、「特別さ」の中身は何なのでしょうか。みなさんも一度、自分が感じている天皇の「特別さ」の中身を覗《のぞ》いてみてください。そしてもし、その中に「天皇は貴い存在だ」「天皇は畏れ多い存在だ」「天皇は近寄りがたい存在だ」という了解が少しでもあるとすれば、その「貴さ」とはいったい何なのかを考え直してみたいのです。

私たちは普段、他者をどのように評価しているのでしょうか。ある人のことを「すごい」と感動したり、尊敬したりするとき、その感情は、相手の何に準拠しているのでしょうか。自分ではとてもできないなと思えるような「善き行い」や社会的意義がある行いを淡々と続ける人がいます。私たちはその人の営みの「すばらしさ」に気持ちが動かされ、賞賛し、尊敬の気持ちを抱くのではないでしょうか。つまり、ある人間を評価するのは、その人それ自体にあらかじめ張り付いている何か（属人的なもの）に対してではなく、その人が行った営み（業績的なもの）に対して、なのです。

では、天皇の「貴さ」とは、いったい何に由来しているのでしょうか。大震災や集中豪雨などで甚大な被害にあった人々に対して、お見舞いにいく天皇の姿がよくテレビで報道されます。たしかに、こうした営みはすばらしいものであり私たちに感動をもたらすかもしれません。でも彼らのこういった仕事は、日本国民統合の象徴であれば、いわば「やってあたりまえだし、可能であればやるべき」ものともいえます。

もっと言えば、被災者の避難所や仮設住居を彼らが訪れるとき、彼らがふとそこを訪れ、素朴にお見舞いするわけではありません。その営みのためには、多くの人々によって入念な準備がされます。天皇の安全を確保するための十分な警備がなされ、万全なお膳立てができた後、彼らが避難所に現れるのです。少し皮肉っぽく言えば、ただでさえ復興や暮らしの立て直しに忙しく必死な時に、お見舞いのための準備や時間、そのために必要な人材がいわば有無を言わさずに動員され費用が使われています。もっと有益で有効な時間や人間の使い方があればいいのにと思ったりもします。

でも、天皇が被災者に声をかけ、お見舞いする映像には、「よく来てくれた、ありがたい」と天皇に対して感謝する被災者の姿が映し出されます。なぜ天皇の見舞いが「ありがたい」のでしょうか。それは文字通り「有り難い」からです。被災者にとっては、まさに破壊され奪われた日常ですが、そうした日常に「来るはずのない」存在が「やってくる」からなのです。まさに「起こること自体が希少で貴重だ」という意味で「ありがたい」のです。

しかしこの貴重さは、被災した人々を「見舞う」という営みに由来しているのでしょうか。もちろん「見舞い」を受けた人々は、「ありがとう」と率直な感謝の気持ちはわいてくるでしょう。ただ私はそれだけではないと思います。この貴重さは「有り難い」存在である天皇という身体それ自体にはりついています。だからこそ人々は直接出会える機会すら普段はない存在を目の前にするとき、その存在から声をかけられること、その身体に触れる機会があることに感動し、「ありがたい」と感じるのです。

それではあらためて天皇というのは「貴い」存在なのでしょうか。仮に「貴い」として、その属性はどこから由来するものでしょうか。人間として素晴らしい営みをするのは彼らの仕事です。歴代の天皇が、いずれも素晴らしい営みをして人間として優れているから「貴い」のでしょうか。私はそうは思えません。そうではなく、まさに天皇という身体それ自体に張り付いている属性だといえます。そしてその属性を正当なものとして維持する根拠が「血」であり「血筋」なのです。でも、「貴い血筋」などという根拠は、今の世の中、意味ある理屈として存在し得るのでしょうか。

「天皇、かわいそうやなぁ」

ここまで書いてきて、ある情景を思い出します。昭和天皇は、最後は長い間闘病生活を送り、亡くなっています。その天皇がかなり高齢となり、お召し列車に乗り込む姿がテレビで放送されたときのことです。天皇は歩くこともおぼつかない感じで、よろよろと一人歩き、後ろから一定の距離を保ちながらお供の役人がつき従う様子が映し出されました。

私はそのとき、「天皇、かわいそうやなぁ」と思ったことを覚えています。なぜかわいそうだと感じたのでしょうか。歩くことがおぼつかないようなお年寄りであれば、誰かが手を添えたり、脇にいて適切に介助しようと考えるのが普通でしょう。でもその時の映像では、誰も手を添えたり、介助したりは一切しなかったし、その素振りすら見せていませんでした。映像を見て私の印象に残ったのは、お供の役人が天皇と常に保とうとしていた「距離」でした。でもこの「距離」は、天皇が躓《つまず》きよろめいても、すぐに天皇の身体を支えることができる「距離」ではありませんでした。

いったいこの「距離」は何なのでしょうか。お供する役人たちが、天皇の身体を「貴い」「畏れ多い」として、近づきすぎたり、身体に直接触れることは避けるべきだと考えて、「距離」をとっていたとすれば、なんと時代錯誤的な感覚であり、行為だろうかと思います。普通であれば受けられる他者からの支援すら受けることができない身体としての天皇をみて、私は「かわいそうだ」と思ったのです。

国家の象徴であり、日本国民統合の象徴としての天皇。その存在に親しみを感じるかどうかは、人それぞれ自由です。ただ天皇は、同じ「血筋」の人間だけが代替わりすることができる「特別な存在」であることも事実です。なぜこのような「特別な存在」が日本で意味を持ち続けているのかについては、それこそ幅広く深い多くの歴史的研究もあり、関心があれば、そうした知的な蓄積を読むべきでしょう。ここで私が確認したいことは、ただ一つです。天皇は「特別な存在」であることは確かだが、「貴い」存在では決してないということです。そして同じ「血筋」の人間が代替わりすることで「特別さ」が維持されるとしても、そこに「貴さ」を保証する理由や根拠はないということです。

　天皇という存在を例にあげて語ってきましたが、より一般的に言えば、人間に「貴い」存在などありません。でもみなさんはこう思うかもしれません。「すごい」人間、「すばらしい」人間はいるし、「くだらない」「つまらない」人間もいるだろうと。でもこうした人間の見方は「貴い」（その対極にある「賤《いや》しい」）とは異質です。

　人間として「豊かな」存在がいるし「貧しい」存在もいると、私たちは、普段自然に考えるでしょう。でもそれはあくまで、そのような評価の対象となる人間の営みやその人が表明する価値観や思想に由来するものであり、その人の存在自体に張り付いている属性ではありません。

人間には「貴い」存在もないし、「賤しい」存在もありません。「貴い―賤しい」という人間の見方を認めるとすれば、例えば「家柄」や「血筋」といった人間の地位や場所、属性だけで評価するという〝偏った〟他者理解の仕方に私たちが順応してしまう〝危うさ〟が生じてしまいます。人間の多様な営みそれ自体を率直に評価したり、多様な考えや価値を持っている存在として人間を認めることは、他者理解の基本です。この基本を確認するためにも、私たちは「貴い―賤しい」という伝統的で因習的な人間の見方を廃棄すべきです。

「穢れ」ている人間っているのだろうか

今一つ、差別を考えるときの基本となる人間の見方は、「浄い」か「穢《けが》れている」というものです。「穢れ」という考え方はもともと仏教思想に由来しますが、生殖や性交、月経など人間の再生産にかかわる営みが関連しています。そもそも「穢れている」人間など存在しないのですが、私たちの歴史や伝統や因習のなかで、「穢れ」ということが問題だとされることがあります。いったい何に穢れているのでしょうか。

すぐに思い出す興味深い出来事があります。みなさんも記憶されているでしょうか。それは大相撲での出来事でした。地方巡業か何かのとき、土俵の上でスピーチ途中の人が突然倒れてしまいました。救命措置をしようと、治療する資格がある人が土俵にあがりましたが、そのとき「女性は土俵から降りてください」というアナウンスが何度も流され、倒れた人物の命を救おうとしていた女性が土俵から降ろされました。また別の機会では、挨拶をするために女性の自治体の長が土俵へ上がることが許されなかったという出来事もありました。

なぜ女性が土俵に上がってはいけないのでしょうか。土俵は相撲にとって神聖な場所であり、生理のある女性は、その神聖さを「血で穢す」ことになり、上がることが許されないということのようです。日本相撲協会では、それは相撲の伝統であり、決して女性を差別する意図ではないと説明していたようでしたが、まったく合理性を欠くものだと私は考えていました。たとえば、わんぱく相撲の大会などでは男の子だけでなく、女の子も土俵に上がって相撲を取っている光景はよくみかけます。「まだ生理がない子ども」だからいいのだとでも説明するのでしょうか。ではかつて庶民の娯楽として人気があった「おんな相撲」はどう考えたらいいのでしょうか。それはあくまで庶民の娯楽であって、国技として相撲ではないと説明するのでしょうか。皮肉っぽくいろいろと考えてみても、「伝統だから」という説明で「血の穢れ」を忌避することを正当化することなどできないのです。

そしてこの「血」に対する「穢れ」という意識は、人間にかかわるものだけでなく、牛や馬などの動物を解体処理する仕事や武具や馬具や太鼓の皮など皮革を扱う仕事に従事する人々に対しても向けられてきました。牛や馬などの動物の「血」を扱うから、「穢れ」ているというのです。

ところで、こうした「血」に対する「穢れ」という意識は、狩猟を基本として暮らしを立ててきた西欧にはありません。それは、稲を作り、農耕こそが生業の中心だと決めて人々の暮らしや価値観をつくりあげてきた日本の支配的文化に固有の因習であり伝統的な意識のあらわれなのです。

「貴―賤」「浄―穢」という文化的因習

まとめておきたいと思います。差別とは、さまざまな「違い」をもつ他者を、なんらかの理屈をたてて貶《おとし》め、自分の生きている世界から遠ざける営みですが、そうした営みをいわば根底から支える人間に対する見方があります。

一つが「貴い―賤しい」という見方です。これは、人間が何をしたのかという営みの中身を問うことなく、ただある人間に張り付いている属性だけを拠りどころにして、その存在が「貴い」かそうでないのかを決めつけ、人間を序列化する見方です。

今一つが「浄い―穢れている」という見方です。これは「血」に対する「穢れ」が中心にあり、人間の「血」だけでなく牛や馬など動物を処理するときに当然伴う「血」を忌避する意識がもとにあります。ただ「血」への「穢れ」は、農耕を主として国をなりたたせてきた日本の文化に固有な因習とも言え、先述したように動物を狩猟し肉を食らうことが「あたりまえ」であった西欧などでは、まったく存在しない意識といえます。

「貴―賤《せん》」「浄―穢《え》」という人間の見方。確かにこれらは、日本の長い歴史の中で意味をもち生き続けてきた因習的な考え方であり、それぞれの時代や文化で息づいてきた差別や排除に意味を与えてきたことも事実です。

ただ同時にもう一つ確かな事実があります。いま、私たちがこれから、さまざまな他者とともに生きていこうとするとき、こうした考え方は、どんなに「伝統」や「歴史的」説明を持ち出そうとも、正当化できるものではないし、差別や排除にエネルギーを与えるだけの「幻想」であり「妄想」だという事実です。

私たちが普段暮らしている日常に、「貴い」人も「賤しい」人も、「浄い」人も「穢れた」人もいないのです。現代においてもなお、根拠のない因習を、さも意味があるかのように語る人びとがいます。私たちは、まずそうした語りの背後にある発想の「貧しさ」を確かめ、

「貧しさ」にひきこまれないよう気をつけなければなりません。

教えられていない部落差別問題

ここまで書いてきて、少し脱線したくなりました。「脱線」といっても、事故を起こしたいわけではありません。差別をさらによく考えるうえで必要な、いい意味での「脱線」です。「脱線」したい理由ですが、最近大学で「差別の社会学」を話しているとき、学生さんたちの確実な変化に私自身驚くとともに残念な気持ちになっているからです。変化の中身はいろいろとありますが、その一つが部落差別問題への無知と無関心です。

たとえばこの問題を考えるとき、住井すゑの『橋のない川』という小説は必読書です。かつては講義中に「読んだことのある人いる？」という問いに、若干名の学生から手があがっていました。また読んでいなくても小説の存在や書名は聞いたことがあるという反応がありました。しかし、最近はこうした反応はほとんどゼロとなっています。

確かに部落差別という問題は、私が小学生や中学生であった一九六〇、七〇年代に比べ、解放運動や行政施策の成果もあり、その内容も確実に変化してきています。例えば、子どものころ大阪にいて、実際に肌で感じていた「部落差別をめぐる日常」も今ではその厳しさも確実に変容しているでしょう。しかし、政治家が部落差別発言をして問題になるという出来事は毎年のように起きているし、この問題は「終わった」差別ではありません。ところがいまの多くの学生にとって、この問題は「まったく知らなかったし、講義で初めて聞く」ものとなっています。それはなぜでしょうか。

私が中学生のころは、人権教育、同和教育の時間があり、そこで部落差別に関する基本的な知識や問題に対する姿勢が教えられていました。いかに効果的に教えるのかという点ではいろいろと議論の余地がありましたが、とにかく「日本には部落差別という固有の問題がある」という事実は誰もが知っていました。でも今では「そんなことを学校で教えられた経験はない」という反応が多くの学生から返ってきます。太平洋戦争当時、日本軍がアジアで何をしてきたのかをめぐる知識も同様かもしれません。知っておくべき知識を教えず「ないこと」にしてしまう。日本の今の義務教育の見事な「成果?」といえるでしょう。

「不条理で」「理屈に合わない」営み

部落差別とはどのような問題なのでしょうか。それは日本の各地に周囲から蔑視され避けられている地域が存在し、そこで暮らしたり、そこの出身であることがわかれば、その人々が結婚や就職など生きていく機会でさまざまに差別されてきたという問題です。なぜ蔑視され避けられてきたのでしょうか。部落差別は、身分差別や職業賤視《せんし》、地域への偏見が密接に絡み合っており、日本の中世以前からの歴史や文化に根ざした奥の深い問題です。なぜ部落差別が生じてきたのかを丁寧に説明しようとすれば、それこそ何冊も本ができあがってしまうほどの厚みを持ちます。ここでは、そのような説明はできないので、問題を考える手がかりだけを語っておきます。

中学生の日本史教科書をみれば、江戸時代に「士農工商」という身分制度がつくられ、その下の身分として「えた」「非人」がつくられたと書いてあります。「上見て暮らすな、下見て暮らせ」と、厳しい暮らしを強いられた農民や商人たちの不満を解消するために、江戸幕府が彼らより低い身分を作ったのです。部落差別問題を理解するうえでの基本である被差別地域の「政治起源説」です。もちろん、この説明は一定の説得力をもっていますが、人々が差別されてきた「理由」は「政治」だけではありません。

牛や馬など家畜の解体処理や武具や馬具製造など皮革の仕事、宿場から宿場へ荷物や人を運んだ馬借、車借という今でいえば運送業、さらには日本が世界に誇るべき伝統文化の代表である歌舞伎、正月に各家を祝福にやってくる門付け芸や猿回しなど、動物を扱う仕事や芸能文化に携わっていた人々を見下す「賤視」があります。それはいわば人々の日常の暮らしに息づいている「文化」であり、「政治」が身分制度という差別的構造を作ることができた前提といえるでしょう。

たとえば、江戸時代、人々は歌舞伎に熱狂し、有名な役者にいれあげました。でも同時に役者を「自分より下にいる存在」だとして軽くみていました。正月に各家にやってきて門口で披露される門付け芸。それは家を祝福し家の繁栄を祈願し、その年の幸せを祈ってくれるおめでたい芸です。人々はその芸を喜び受け入れながらも、芸をする人々を「賤視」していました。

博労という仕事があります。彼らは、牛や馬を育て、年老いて十分に役目を果たした牛や馬を引き取り、かわりに元気な牛や馬を農家に置いていきました。また年老いた牛や馬を解体処理する仕事もあります。牛や馬の飼育や処分、流通を博労は担っていたのです。農作業用機械などない時代、こうした仕事は農業を営むうえで、必須であり重要な意義ある仕事です。でも人々は彼らが牛や馬の「血」を扱い、「穢れ」ていると「賤視」していました。

昔のことだけではありません。これを書きながら、私はあることを思い出します。私は大阪で生まれ育ちましたが、子どものころ、宿題などしなくて、なまけて遊んでいたら、「そんな遊んでいて、勉強せんかったら、吉本にやるぞ」と親からよく言われました。吉本は今や関西だけでなく日本を代表するお笑いの殿堂です。当時も、私たちは毎日テレビで新喜劇を見て楽しみ、劇場に出かけて思い切り笑っていました。にもかかわらず、「吉本にやるぞ」という言葉には、お笑いという大衆芸能に対するなんともいえない「馬鹿にしたニュアンス」が含まれていました。

本章の冒頭にあげた「歌手は歌だけうたっていればいいのだ」「芸能人は芸能人らしくしてればいいのだ」というツイッターの背後には、歌手や俳優など芸能文化を担う人々への「賤視」がはっきりと感じとれます。

こう語ってきて、私は素朴にこう思います。自分たちを感動させたり楽しませたり、自分たちの幸せを祈ってくれたり、仕事をしていくうえで必須の作業をしてくれている他者を、なぜ「賤視」し、差別したりするのだろうかと。差別というのは、本当に不条理で理屈にあわない営みではないでしょうか。そして、ここまで読んでいただければわかると思いますが、まさに「不条理で」「理屈にあわない」営みを背後から支えているのが、「貴―賤」であり「浄―穢」という人間を〝分け隔てていく〟見方であり考え方なのです。

「人の世に熱あれ、人間に光りあれ」

「貴（族）あれば賤（族）あり」。これは、「部落解放の父」と呼ばれた松本治一郎《まつもとじいちろう》がよく語った言葉です。松本は明治から昭和にかけて部落差別と闘い続け、被差別当事者の運動である水平社《すいへいしゃ》運動をたちあげた中心人物の一人です。

明治初期（一八七一年）に「解放令」が出され、江戸時代からの封建制を象徴する身分制度は解体され、「平民」としてすべての人や職業は平等となりました。ただこれは建前上の変革であり、絶対的な権力者としての明治天皇を頂点とした序列は厳然として社会にありました。被差別部落への賤視や差別はなぜ生じるのだろうか。松本は考えました。私たちが、自分よりも「貴い」存在があることを認めれば、それは同時に自分より「賤しい」存在を認めることになる。こうした他者を序列化し賤視し差別する日常を根本から見直さなければならないと。それには天皇を頂点とした序列社会を作り替えるほかはないだろうと。天皇制と部落問題は日本の社会や文化の中核に息づいている差別や排除を照らし出す対照的な現実です。松本はこう考え、序列の底辺にいる被差別の当事者が差別に屈することなく、人間としての誇りを持ち、差別反対の声を圧倒的にあげる運動こそ必須だと実践していったのです。「貴あれば賤あり」という言葉は松本の人間の見方、反差別の思想を象徴しています。人間

部落解放運動の指導者・松本治一郎

にはさまざまな違いがある。しかし、人間に「貴い」も「賤しい」もない。これが自分を含めて他者という人間を感じ考えるときの基本なのだと。そして、この見方から解き放たれることこそ、差別と向き合い、自分自身や世の中を変えていく基本だと松本は説きました。

　この短く直截《ちょくせつ》な言葉は、差別を考えるとき、はずしてはならない基本を私たちに教えてくれます。私も大学で講義するとき、必ずこの言葉をとりあげ説明しています。

　さてこの章の終わりに、もう一つみなさんに知っておいてほしい素晴らしい文章をあげておきたいと思います。明治や大正期、苛烈を極めた差別に対して被差別の当事者たちが声を上げ団結し世の中の支配的な権力や差別と闘う運動を立ち上げました。その組織が松本治一郎も設立に関わった水平社です。一九二二（大正一一）年三月、京都で水平社創立大会があり、その時に発表されたのが「水平社宣言」です。高校の日本史史料集には掲載しているものもあるでしょう。宣言の全文をあげてみます。

「水平社宣言」

全国に散在する吾《わ》が特殊部落民よ団結せよ。

長い間虐《いじ》められて来た兄弟よ、過去半世紀間に種々なる方法と、多くの人々とによってなされた吾等《われら》の為《た》めの運動が、何等の有難い効果を齎《もた》らさなかった事実は、夫等《それら》のすべてが吾々によって、又他の人々によって毎《つね》に人間を冒瀆《ぼうとく》されていた罰であったのだ。そしてこれ等の人間を勦《いたわ》るかの如《ごと》き運動は、かえって多くの兄弟を堕落させた事を想えば、此際《このさい》吾等の中より人間を尊敬する事によって自ら解放せんとする者の集団運動を起せるは、寧《むし》ろ必然である。

兄弟よ、吾々の祖先は自由、平等の渇仰者であり、実行者であった。陋劣《ろうれつ》なる階級政策の犠牲者であり男らしき産業的殉教者であったのだ。ケモノの皮剝ぐ報酬として、生々しき人間の皮を剝取られ、ケモノの心臓を裂く代価として、暖い人間の心臓を引裂かれ、そこへ下らない嘲笑の唾まで吐きかけられた呪われの夜の悪夢のうちにも、なお誇り得る人間の血は、涸《か》れずにあった。そうだ、そして吾々は、この血を享《う》けて人間が神にかわろうとする時代にあうたのだ。犠牲者がその烙印《らくいん》を投げ返す時が来たのだ。殉教者が、その荊《けい》冠《かん》を祝福される時が来たのだ。

吾々がエタである事を誇り得る時が来たのだ。

吾々は、かならず卑屈なる言葉と怯懦《きょうだ》なる行為によって、祖先を辱《はずか》しめ、人間を冒瀆してはならぬ。そうして人の世の冷たさが、何《ど》んなに冷たいか、人間を勦る事が何んであるかをよく知っている吾々は、心から人生の熱と光を願求礼讃《がんぐらいさん》するものである。

水平社は、かくして生れた。

人の世に熱あれ、人間《じんかん》に光りあれ。


どうでしょうか。いまは使われていない言葉もあり表現も古く、難しいかもしれません。「エタ」という言葉は漢字で書けば「穢多」です。当時人々が被差別部落出身者を呼んだ「蔑称」であり差別的言葉です。今も差別語であり、歴史資料や学術的研究では使うことがありますが、日常で使うことはありません。

私は、この格調高い宣言文をしっかりと味わってほしいと思います。権力を維持するために作られた支配者による身分制度の犠牲となり、牛や馬を扱う仕事の代償として、厳しい差別や偏見の被害者となってきたが、どんなに厳しい差別にあおうとも、自分たちの中には誇り得る人間の血は枯れてはいなかったのだ。差別を受けてきたがゆえに、差別する人間がいかに冷たいか、人間的でないかはわかっている。そして差別する人間は絶対に許さない。でも差別する人間であろうとなかろうと、人間それ自体を馬鹿にしてはいけないのだ。自分たちに対する差別や偏見には敢然と立ち向かうが、それは、差別する人間を打ち倒すためではない。そうした人間を変革することを含め、差別のない世の中を心から望み実現したいからなのだと。

フランス革命での人権宣言。黒人解放運動でのマーティン・ルーサー・キング牧師の「私には夢がある」というあまりにも有名な演説。これらは優れた人権宣言ですが、水平社宣言は、これらに勝るとも劣らない日本における最初の人権宣言なのです。

「人生の熱と光」を私たちはいかにして取り戻すことができるのでしょうか。「人の世の熱」と「人間の光」とは何かを考えながら、先に進んでいきたいと思います。

第五章　ジェンダーと多様な性

私たちは、世の中で認められている規範に従い、さまざまな制度の中で生きています。また私たちは、日本という国家が成り立つうえで必要とされる法律を守り生きています。

ただ、こうした生き方を何の疑いもなく受け入れ、私たちは安心し安定して生きているでしょうか。もしそうであれば、それは外から与えられたものや強いられるものに対して、まったく抗いもしないで生きている人間の〝気持ち悪い姿〟と言えます。

時代が移るなかでは、私たちが守るべきだと信じるものも変わっていくし、私たちを強制する力も変わってきます。そしてさまざまに暮らしが変貌していく過程では、私たちが大切にしたいという価値や理想自体も変貌していくのです。

差別を考えるとき、重要な手がかりとなるのが、こうした時代の移り変わりから生起する私たちの価値や理想の変貌です。かつての秩序や規範に縛られることは、自分にとって耐えがたいほど生きづらく、よりよい社会や暮らしの姿を求めて、因習的な秩序や規範に立ち向かい、抵抗し、それをつくり変えようとする人々の思いや姿があります。他方で伝統的で因習的な暮らしの秩序や規範をなんとしても守って生きていきたいという人々の思いや姿があります。こうした二極の人々の思いや姿、彼らが生きている現実での対立やせめぎあいで生じてしまう〝間隙〟に、差別が巣食い、増殖していくのです。

外から規定される性差

さて、本章では、ジェンダーと多様なセクシュアリティのありようを中心として、この〝間隙〟について考えてみたいと思います。

ジェンダーとは何でしょうか。それは生物学的雌雄、つまり生理学的な身体の特徴や差異から規定される性別ではありません。それは社会的、文化的に創造され、いわば「外」から私たちの身体や心を規定し、私たちの普段のふるまいなどに重大な影響を与えていく知としての性別です。

またジェンダーは、私たちが生まれてから死ぬまで続く営みや思考で、他者を認知し評価し理解するために、絶えず選び取ることを迫られ続けている「生きられた知」です。

たとえば、前に出した新書にも書いていますが、かつて東京の中央線に乗っていて驚いたことがあります。電車がある駅に停車し、保育園の子どもたちが乗ってきました。空いていたので引率の先生は彼らを席に座らせましたが、私は瞬時のうちに、目の前に並んで座っている子どもたちの性別を了解しました。

なぜ私はそのような判断ができたのでしょうか。彼らはみんな制服で制帽でした。まだ幼く体型の違いもほとんどありません。しかし、彼らがはいていた靴が最も重要な手がかりとなりました。青や緑、黒の靴は男の子、赤やピンクの靴は女の子と見分けていたのです。

もちろん、色彩が性別を判断できる絶対的な基準などではありません。でも私たちは小さい時から、男の子は青系統のものを身につけさせられ、女の子は赤やピンク系統のものを身につけさせられることを知っています。これがいつからそうなったのかはわかりませんが、性別をめぐる意味ある「生きられた知」として、今も私たちの日常に息づいています。

なぜ女生徒の制服はスカートか

色で性別を確認するような知は、さほど難しい問題やゆゆしき生きづらさをひき起こす可能性は低いでしょう。でももう少しシビアな状況を招くジェンダーをめぐる知や規範があります。こう書きながら、私の娘の中学・高校時代を思い出します。

娘は地元の公立中学に進学し、当然のようにそこの制服を着ることになりました。だが彼女は指定の女子生徒用制服であるスカートを穿《は》くことを嫌がりました。娘は小学生の頃、普段はパンツ姿で、スカートは穿いていませんでした。だから彼女にとって、なぜ中学になって突然スカートを穿かねばならないのかが疑問だったし、何よりも慣れていないし嫌だったのでしょう。調べたところ、女子生徒用にズボンの制服があることがわかり、彼女は三年間、ズボンで通しました。同学年でズボンをはいていた女子は二人いました。

考えてみれば、中学へあがるとき、制服について女子生徒用にズボンがあるという説明は受けなかったと記憶しています。また中学進学の時、私は先生から「この中学校へ通う女子生徒はスカートを穿かなければならない」と明言された記憶もないし、ましてや命令された記憶もありません。いわば、制服選択をめぐって、誰からも強いられているわけではないが、誰もそうするのが自然だと思い込み選びとっている性別をめぐる知が、私も含め保護者たちを緩やかにしかししっかりと縛っていたのです。ほぼ「あたりまえ」のこととして、女子はスカートの制服という了解があり、それを学校も保護者も認めていたように思えます。

しかし、娘は違和感を覚え、こうした「あたりまえ」の中で息づいている縛りを素朴に覆して、「スカートは穿かない」と抵抗していたのです。私も娘の〝異議申し立て〟がなかったら、制服の選択ができることは知らなかったでしょう。

でもなぜ女子制服はスカートなのでしょうか。何をつまらないことをくだくだ言っているのだ、女子制服がスカートなのは、女子に「女性らしさ」を体現してもらうためであり、女性がスカートを穿いて日常暮らすのは当然ではないかという声が聞こえてきそうです。私はこうした声に対して疑問を持っていますが、仮にその声を意味あるものとして認めるとして、さらにこう問いかけたいと思います。

スカートを穿くことで「女性らしさ」は達成できるのでしょうか。またそうした「女性らしさ」とはいったいどのような中身なのでしょうか。女性はスカートを穿くことは普通だとして、その「普通」はいったい誰がどこで決めたことなのでしょうか。またスカートを穿くことで女子と男子を分けられるとして、その背後に〈女性—男性〉をめぐるどのような価値や理念、規範が息づいているのでしょうか、等々。ちなみに、女子生徒用のズボンの制服はありましたが、男子生徒用のスカートの制服という選択肢はありませんでした。

さて、なぜ私は学校の制服を問題にしたのでしょうか。制服は中学・高校という学校制度を維持していくうえで重要な要素として機能しています。まず制服を着ることで、その人が当該の学校という制度で生きるメンバーであることを具体的に表示することになるからです。制服を着た生徒は校則など学校での規則を守らなければならないし、制服を着ることで、学校以外の場所でも、その学校に「ふさわしい」メンバーであり続けることを自覚し、そのようにふるまうことを要請されるからです。

もちろん現実はそう簡単ではなく、生徒たちは、学校のメンバーとしての存在と自分自身のありようにどのように折り合いをつけていくのかを考え、悩み、つっぱろうとします。今は見られなくなりましたが、私が中学・高校の頃は、底を糸で縛って、ぺちゃんこにし、教科書などほとんど何も入らない制カバンをさげ、ズボンをラッパにしたり、スカートを思いきり長くして穿いている生徒を、よく電車でみかけました。いわゆる「つっぱっている」生徒なのですが、今にして思えば、制服であり制カバンの学校という制約の中で〝抗っている〟かわいい中高生の姿でした。

ここで確認しておきたいのは、制服に象徴されるような〈女性―男性〉を分けていく典型的な性別をめぐるジェンダー知が、緩やかでありながらもしっかりと生徒を強制していく権力として行使され、学校という制度を円滑に維持するために用いられているという事実です。

最近は、学校の制服もより自由になり、制服を廃止している学校も多くあります。翻ってみれば、学校という制度の外では、より自由な男性や女性さらには多様な性をめぐる知が増殖し、息づいています。にもかかわらず学校において、伝統的で因習的なジェンダー知、ジェンダーをめぐる規範がなぜ今もなお意味を失わず生き続けているのでしょうか。

それなら、結婚しなければいい！

ちょうどこの章を書いているとき、新聞の政治欄では政府・与党の女性議員がとばしたとされるヤジが問題となっていました。国会で野党議員が選択的夫婦別姓を認める法案を説明していた時、「それなら、結婚しなければいい！」というヤジが飛び、問題となっていました。国会や委員会審議の場で政治家がヤジを飛ばすのは、これまでもよくある光景です。機知に富んだ、洗練されたヤジは場のやり取りを和ませるとともに活性化させるし、それは政治家の力量を示す興味深い営みとも言えるでしょう。ただ残念なことに近頃の国会審議は、私たちから政治という営みを遠ざけてしまう下品で質の悪いものとなっています。そして単に質が悪いで済ますことができない差別的な内容を含んだヤジもまた繰り返し起きています。「結婚しなければいい！」というヤジも、別姓で暮らしたい、子育てをしたいと願う多くの人々の思いを否定し、彼らの主張を揶揄《やゆ》し馬鹿にする差別的言動の典型と言えます。

小中高校、大学生のみなさんも、いずれ生活を共にしたいと思う素敵なパートナーと出会うことでしょう。結婚をイメージするとして、みなさんは自分の姓についてどう考えるでしょうか。結婚するのだから夫の姓に変わるのは当然だと、ごく自然に考える男子や女子はどれほどいるでしょうか。今の法律では、結婚する時、夫か妻のどちらかの姓を選択することになっており、実は女性が「夫の姓に変えなければならない」ことはありません。しかし夫の姓を選択する夫婦は二一世紀になっても大多数であり、私たちの日常には「結婚すれば女性は夫の姓に変わる」ことが「あたりまえ」としてしっかりと刷り込まれています。

これを書いている今（二〇一九年から二〇年にかけて）、一九八〇年代に放送され、その後全世界で大評判となったNHKの朝ドラである「おしん」が再放送されています。有名なシーンは知っていましたが、すべて見たことがなかったので、私は毎朝「おしん」を見ています。

おしんが結婚するくだりです。男性の親元に嫁に入るのですが、姑《しゅうとめ》はおしんを嫁として認めず、二人の壮絶な確執が描かれます。姑は決しておしんを「家にふさわしい女性」として認めようとはしないし、他方おしんは「夫の妻」としての自分を主張します。もちろん「おしん」はフィクションとしてのドラマなのですが、初放映された当時テレビの前で釘付《くぎづ》けになっていた人々は、「リアル」な姑と嫁の闘いを見て楽しんでいたのです。

なぜ「リアル」なのでしょうか。家の女と書く「嫁」という漢字が端的に示しているように、かつて女性は結婚すれば相手の「家」に入り、「家」のメンバーとして自分が拠ってたつ場所を完璧に変えてしまうとされていました。そして「女性が夫の姓に変わる」ことが「嫁に行く」「嫁に入る」という現実を象徴していました。「おしん」のリアルさが好評を博した四〇年後の今も、テレビで若い男性タレントやコメディアンが自分のパートナーのことを「俺の嫁は」とよく言います。そして当然、こうした旧態依然とした結婚観、男女観を「あたりまえ」のことと考え感じている人々は多いと思います。

しかし、他方で時代も変遷しており、夫と妻がそれぞれの姓を変えずに日常生活を送りたいと願う人々が増え、別姓でも生活が営めるよう、不備のある法律の改正をめざして、選択的夫婦別姓の法案が主張され続けています。「選択的」というのは、従来通りでもいいし別姓を選んでもいいという意味であり、一方の姓に変えるという伝統的なやり方を否定してはいません。別姓という形の夫婦も認めるべきだという穏やかな主張だと私は思います。にもかかわらず先のヤジのように、強烈に否定されるのです。

やはり、強烈な否定の背後には、戸主である男性が、「家」制度の中心にいてその秩序を守り、「家の女」である妻を支配し、妻は「家」事をこなし、子育てをし、舅《しゅうと》や姑をたて、夫に服従するのが伝統的な家族の姿だという了解が息づいています。

少し前の映画ですが、『ハッシュ！』（橋口亮輔《はしぐちりょうすけ》監督、二〇〇一年）という作品を思い出します。結婚願望はないが、子どもを産んで育てたいと願う朝子は、偶然ゲイのカップルと知り合い、その一人である勝裕に「あなたたちの関係を壊すつもりはない。ただあなたの精子がほしい」と頼み、彼らと朝子の奇妙で面白い関係が始まっていくというストーリーです。同性愛について考えることができる素晴らしい作品ですが、それ以上に家族とは何か、夫婦とは何か、女性が生きていくとはどういうことかなどを考えることができる傑作です。

映画では、朝子の思いに、伝統的な男女の恋愛観、家族、嫁の姿などさまざまな因習的な力が対峙《たいじ》します。仕事から帰り着替えなどすべて嫁に手伝わせ食卓に座り込みビールを待つ勝裕の実家の兄。好きでもない相手と見合いで結婚し、ただ家を守ることに人生を費やしてきた兄嫁の姿。会話の端々から二人の関係はすでに冷え切っていることがわかります。「まわりがどうでも、自分がほんま好きな人と一緒にならんと、つまらんよ」と勝裕にさりげなく、しかししっかりと本心を語る兄嫁の姿が印象的です。

朝子と兄嫁が真っ向からぶつかり合うシーンがあります。強烈な差別や排除の言葉が投げかけられ、朝子の思いが否定されます。しかしそこには兄嫁のどうしようもないやるせなさ、くやしさが同時に噴出するのです。

朝子は、勝裕と直也と出会って、諦めていた人間関係や人生を取り戻し前向きに生きていけること、さらに子どもができれば、それはそれで全然大丈夫だ、「自分の家族は自分で選びたかったんですよ、私は」という本気の思いを兄嫁に語ります。

「全然分かれへんわ、分かりとうないわ、気色わるぅ。絶対許さへんで、そんなこと。……子どもは、あんた、神さんの授かりもんやんか。どうにもなれへんさかい、思い通りならへんさかい、かわいいんちゃうのん。……私に男産め言われて、男よう産まんと。できそこないの女みたいに言われて。ぜったい男産んで見返してやる。そればっかりやった。ようやっとカオルが生まれて。そんなしょうむない根性ふっとんでしもうたわ。自分のお腹痛めた子ぉや。自分の命かけて産んだ子や。……人と手ぇつないだり、ご飯食べたり、笑うたり。え、楽しい先に子どもがあったら、全然大丈夫やて。あんた何言うてんのん。何それ。言うとくけどね、子ども産んで育てるのはそんなふざけたことちゃうねんよ」

ときに夫に向かい、ときに自分に言い聞かせるように、吐き捨てんばかりに朝子に語る兄嫁のせりふです。朝子は我慢ができず兄嫁につかみかかり、気絶し倒れてしまいます。

秀逸な場面です。既存の恋愛関係、守るべき因習としての家族、伝統的な家制度での子ども（特に男子）の意味など、あらゆる「しがらみ」から解き放たれ、パートナーを自分で選び、人生の意味を毎日かみしめながら、子育てしてみたい。そこには「家族」という言葉からはあふれ出る、なにかよくわからないが新たな人間関係が生み出されるだろうという朝子の本気の思いが徹底攻撃されるのです。ただ場面から伝わってくるのは、朝子の本気への羨望であり、あんただけ、そんな生き方許さへんで、という裏返しの怒りです。

「家」というしがらみに絡めとられ、「嫁」という役割しか生きる選択肢がないとすれば、そこはさまざまな形での抑圧や排除、そして性差別の〝温床〟となるでしょう。対照的に、別姓としての夫婦とはどのような営みなのでしょうか。伝統的夫婦や家族にはない、どのような新たな可能性があるのでしょうか。夫婦別姓とは、ただ姓を選択するという問題にとどまりません。それは伝統的な夫婦や家族、そこにはりついているジェンダーをめぐる実際の知を一つ一つ見直し、より気持ちのいい関係へと変えていける可能性を見出せる〝新たなリアリティ〟だと私は考えています。みなさんはどう思われるでしょうか。

変わるジェンダーの「あたりまえ」

「男はソト、女はウチ」という言葉があります。男性は外で仕事をして稼ぎ、女性は家にいて子育てをし、教育をし、夫の世話をし、家事をこなし、老親の介護など身内の面倒をみるという、伝統的な性別分業を指しています。仕事を「ものをつくる」労働だとすれば、子育てや教育、家事、介護などは「ひとをつくる」労働と言えるでしょう。私たちが生きていくうえで「もの」と「ひと」をつくる営みは基本であり、どちらも欠けてはならない重要な労働です。

しかし二つの労働への評価は、いまだに均等ではなくかなり非対称的です。学校で子どもを教える教員は労働者として対価が支払われています。また施設や地域における高齢者ケアサービスも介護労働として認められ、不十分な額ながらも対価が支払われています。それに対して主婦の子育てや教育、老親の介護は「アンペイド・ワーク（支払われない労働）」であり、無償の奉仕となっています。夫が得る賃金が夫婦や家族のために使われているのだから問題ないだろうと思うかもしれません。でもそれは伝統的な性別分業に組み込まれたジェンダー労働をめぐる非対称性をそのまま承認するという「思い込み」にすぎません。

かつてフェミニズムという女性解放運動が進められる過程で、主婦労働にいくら支払われるべきかを計算されたことがありました。当時と今のお金の価値は異なっていますが、月額として三〇万円かそれ以上であったと記憶しています。当然、今もそうですが、夫が外で得る賃金の中には、妻の労働への対価は含まれていません。もしそうであれば、夫へもっと多くの賃金が支払われなければならないでしょう。あくまで企業の利潤追求に必要な労働の対価として夫に賃金が支払われているのです。配偶者や子どもの扶養手当がありますが、それはせいぜい月数万円という額であり、家庭生活への補助であるとしても、「支払われない」主婦労働への対価などでは決してありません。

では、どのようにすれば、主婦労働に象徴されているジェンダーをめぐる労働のアンバランスは解消できるのでしょうか。主婦が家事から解放される技術革新を進めればいいし、女性がもっと社会へ進出し、仕事ができる環境や仕組みをつくればいい。そんな声がきこえてきそうです。実際さまざまな形で女性の社会進出は進んでいますし、最近のテレビを見ていても、以前であれば「男の職場」のイメージが強かった建設業や運送業などのコマーシャルに若い女性が管理職として活躍している姿が登場しています。女性を必要とし女性が活躍できると主張する職種や企業が増えているといえるでしょう。

でも女性が「ものをつくる」労働者として本格的に活躍する社会を実現するためには、まだまだ多くの法律や制度を社会実現に見合うように変えていく営みが必須です。しかし選択的夫婦別姓という法案ですら成立していないのが現状なのです。

女性の社会進出、女性が活躍する社会が政治のスローガンとして叫ばれる現状であっても、私たちの日常には、ネットでの＃ＭｅＴｏｏや＃ＫｕＴｏｏという異議申し立て運動に象徴されるように、女性に対して、まだまださまざまな差別やハラスメント、〝生きづらさ〟が満ちています。その背後でしっかりと息づいているのが、伝統的で因習的なジェンダーをめぐる知や規範です。男による女の支配を前提とし、あらかじめ生活の全般にわたって非対称性が組み込まれた性別分業なのです。

ただ私は同時に、今の世の中で、ジェンダーをめぐる「あたりまえ」が変貌し始め、伝統的で因習的な価値や理念も少しずつ崩壊しつつあるのではないだろうかとも思っています。しばらく前に「イクメン」という言葉が持て囃《はや》されました。「イケてる男性＝イケメン」にかけて、「育児に積極的に協力する男性＝イクメン」ということですが、この言葉には、育児をする男性がかっこいいと、ことさら評価するという意味が込められています。雑誌で「イクメン」のかっこいい姿を特集したり、少しでも若い男性の関心を育児に向けさせようという「下心」が、この言葉から透けてみえます。でもなぜ、そのような「下心」が必要なのでしょうか。やはり子育てや子どもの教育で、夫が圧倒的に非協力的であるという頑丈な壁に、小さな穴をあけ、壁を崩していきたいという女性たちの「暮らしをかけた思い」があるだろうと思います。

最近、電車の中などで、抱っこひもで赤ん坊を抱いている若い男性、バギーに幼い子を乗せ、あやしている男性の姿をよく見かけるようになった気がします。以前ほど「イクメン」という言葉が日常で聞かれなくなったように感じます。赤ん坊を抱っこしている男性たちを見ていると、ことさら「イクメン」だと呼称する必要も必然も感じないし、彼らも自分たちを「イクメン」だと思っていないように感じます。つまり、若い夫が子育てに協力する姿、積極的に自分の子を育てる男性の姿は、特別でもなんでもない、夫婦として子育てしていく「あたりまえ」の営みだという了解が、今の世の中に流通し始めているように思います。

テレビでも、以前であれば、必ず主婦姿の女性が登場していた冷蔵庫や洗濯機などの家電製品、台所用洗剤や洗濯用洗剤、簡単に調理できる合わせ調味料など生活用品のコマーシャルに家事をする男性が登場しています。

私たちは、日常におけるこうした微細な変化により注意を払うべきでしょう。伝統的で因習的なジェンダー知、ジェンダー規範という堅牢《けんろう》な壁も、微かなひびが入ることで、決定的な崩壊へ向かうことがあるからです。そして壁を崩壊させ、新しいジェンダー知や規範を創造するために、どうしても必要なプロセスがあります。それは男性の「意識」変革です。つまり男性に夫婦や家族の一員として、「ひとをつくる」労働のもう一人の主体としての姿を具体的にイメージさせることです。その姿がパートナーや家族との共生にとって必須であり、仕事だけしておけばいいのではなく、そうした実践を重ねることでより魅力的で懐の深い人間として日常生活を送ることができると、男性自身が心底から気づき認めることが重要です。

もちろん、この「意識」変革は、男性にだけ必要なものではありません。男性に従属することで得られる秩序や安定感に安住したり、そうした日常や暮らしは致し方がないと考えてしまう女性の「意識」変革もまた、必要なのです。

私もあなたも、「つくり、食べる」人

「家では料理や掃除など一度も手伝ったことはありません」「父親は家ではごろごろしているだけで何もしませんでした」「男の子は台所をうろうろするものではありませんとよく言われました」等々。授業で課したレポートにこうした内容がときに見られます。今もなお「男子厨房《ちゆうぼう》に入らず」のような言葉が生きているのだな、と感慨深く私は読んでいます。ただ育った家庭が特に問題なく、幸せだと感じているとすれば、彼らは伝統的な性別分業をめぐる知や規範を「あたりまえ」のこととして了解していくだろうと思います。「ちょっとくらい動いてよ、手伝ってよ」と妻（母親）からたしなめられながらも、そこにまだ本気の怒

りがないと感じて、何もせずごろごろしている夫（父親）の姿を見慣れていて、「あぁ、これが普通の夫婦の姿なんだな」と思い込んでいるとすれば、自然と学生のなかに「男はこうあるべき、女はこうあるべき」というジェンダー知や規範が蓄積されていくでしょう。

でもここで疑問がわいてきます。父親や母親や子どもが家庭生活を営むにあたって、そこには確実に分業は必要です。何もかも一人で全部こなすことなどできないし、それぞれの家庭で最適かどうかは別としながらも、なんらかの形で分業はされています。しかし、はたしてそれは、割り当ての根拠が男性（父親）や女性（母親）という性別に由来することが〝理にかなっている〟分業でしょうか。

しばらく前まで、私はあるテレビドラマにはまっていました。『きのう何食べた？』というドラマです。よしながふみさんという漫画家の同名コミックが原作です。主人公の二人はゲイのカップルで、史朗は弁護士をし、賢二は美容師をしています。職場では、志朗はゲイであることを隠し、賢二はカムアウトしています。

彼らは同居し、日々どのように楽しく充実した時間をすごせるのかに気を配っています。少しでも安い材料でおいしい食事ができるよう、近所のスーパーで特売品を探す料理上手の志朗は倹約家であり、一人の老後のことを考え、蓄えをしています。他方、気分屋さんで情

よしながふみ『きのう何食べた？』

感豊かな賢二は、細かい金のことはあまり考えずに、値段の高いおいしいアイスを志朗と食べたいという思いで買ってきたりします。当然無駄遣いだと志朗に叱られますが、互いを思いあい、いたわる気持ちは変わりません。毎日どのようなおいしい料理が食べられるのか、食べるということを中心としてゲイカップルの日常を印象深く描いたドラマです。

ゲイを演じている二人の俳優の演技がとても自然で上手であり、楽しく見ているうち、私はあることに気づきました。志朗はキッチンに立ち、料理をし、後片付けは二人でやっています。部屋の掃除などほかの家事は、だいたい賢二がやっており、買い物は二人で出かけることもあります。生活のための収入は、金額には差があると思いますが、互いの労働で得ており、毎月の生活費を決め、その範囲内でおさめられるよう、日々倹約にいそしんでいます。老後のために蓄えもしています。互いが好きに使えるような小遣いも、働いて得た収入から自分の裁量で決めて使っているのだと思います。

こうしたドラマの状況を見ながら、家事などの生活をめぐる分業について、男性や女性という性別に割り当てられる正当な根拠は、はたして存在するのだろうかと思います。

このドラマは評判となりましたが、ある評論家は、賢二がかいがいしく志朗の面倒をみ、細やかに志朗をきづかう演技に対して、とてもゲイだとは思えず、家庭の主婦を見ているような見事なものだと評価し「主婦賞」でもあげたらどうか、というコメントをしたそうです。仮に評論家のコメントが事実であるとすれば、私は、伝統的で因習的な性別分業をめぐるジェンダー知や規範をただ上書きするだけの陳腐で杜撰《ずさん》な質の悪いコメントだなと思います。

二人のゲイが伝統的な性役割を分担し演じているから、ドラマが面白いのではありません。伝統的な性別分業では男性と女性に割り当てられる営みを、二人のゲイが各自の仕事や人格を大事にしながら、「適切に」分業し、必要があれば「適切に」協働しているところにドラマの本質的な面白さがあるのです。「適切さ」は、簡単には達成できません。だからこそ互いを思いやり、どうしたらうまく日常を乗り切れるのかを悩み、考え、試し、すれ違い、認め合うというやりとりが生じ、まさにこのやりとりこそ「ドラマ」と言えるでしょう。

性別分業ではなく、生活分業なのです。この単純な事実に気づくとき、私たちは「あたりまえ」の中に息づいているジェンダーをめぐる知や規範の一つ一つが、本当に必要なものなのかを検討することができます。そして、そうした知や規範が、他者や自分を縛り付けていること、新しい関係を自由に想像したり、実際に創造する力を奪ってしまう微細であるが執《しっ》拗《よう》な権力であることを自らの腑《ふ》に落とすことができます。さらには日常の暮らしのなかで、どうしたらこの権力を乗り越えていけるのかを考え、考えた策を実践する可能性もまた開けてくるのではないでしょうか。

「私つくる人、あなた食べる人」。かつて伝統的で因習的な性別役割そのものだと批判されたインスタント・ラーメンのコマーシャルのコピーです。性別分業ではなく生活分業を構想するとき、私たちは「私もあなたも、「つくり、食べる」人」となるのです。

ホモフォビア（同性愛恐怖・嫌悪）という原点

今の世の中は、性的志向についていえば、異性愛が支配的です。おそらく、これは今後も変わることはないでしょう。ただ記憶をたどれば、私の子どもの頃とはかなり異なっていると思います。異性愛が支配的とは言え、それ以外の多様なセクシュアリティを生きている人々が「今、ここ」に存在するという事実を、今、私たちは「無視」できないし「知らないふり」を決め込むことができません。彼らは自分たちへの偏見や差別に対して、ストレートに抗議したり、偏見に囚われ窮屈な私たちの姿を揶揄《からか》ってみせたり、まさに多様な形で、しぶとく、したたかに異議申し立てを続けています。彼らが声をあげ行動することは、何よりもまず、彼らの存在を認めず「いないこと」にしてしまう異性愛至上主義という支配的文化の中核にある「敵」をなんとしても打ち倒そうとする切実な闘いであることは確かです。

しかし、それは同時に支配的文化に〝安住〟し、何の疑いもなく性や性愛をめぐる価値や規範を受け入れ「日常」を暮らしている私たちへの警告であり、「日常」の〝つくりかえ〟へと私たちを誘う思いやりの声でもあります。

他の誰もがそう感じ思っているだろうから、という不確実な理由だけで、よく知らない他者をきめつけたり排除したりする、そんな「日常」を生きていて、本当にいいのでしょうか？　多様な差異を認め、差異を生きる他者がこんなにもいるのです。まずはこうした差異や差異を生きる人々を認めませんか？　そして支配的な文化や価値、規範に絡めとられているあなた自身の姿や生き方、他者の感じ方、他者とのつながり方が、いかに解放され、豊かに変貌していくのかを休験したくはありませんか？　こんな彼らの異議申し立ての声が聞こえてきそうな気がします。

私は大学の授業でも、性的少数者の問題を話しています。確かに以前に比べ、多様な性を生きている人々が世の中でさまざまな形で自己主張をしています。テレビなどでは、自らカムアウトした多くのタレントが活躍し、日頃から彼らの姿を見ることは「あたりまえ」のこととなっています。以前に比べ、彼らはよく知られるようになってきています。ただそうであるからと言って、彼らに対する差別や排除、〝生きづらさ〟は解消しているのでしょうか。私はそうではないと思っています。だからこそ、この問題を考えるとき、はずしてはならない原点があると、学生に語りかけます。

彼らはいったい何と向き合い、闘っているのでしょうか。

それはホモフォビア（同性愛恐怖・嫌悪）をはじめとする、多様な性のありように対するフォビアです。これとの闘いが彼らの異議申し立ての原点にあります。

例えば、一九九〇年代後半日本で初めて「ゲイ・スタディーズ」という男性同性愛者の差別からの解放をめざす当事者による学問的実践を立ち上げた風間孝たちは、次のように宣言しています。

「（ゲイ・スタディーズとは）当事者たるゲイによって担われ、ゲイが自己について考え、よりよく生きることに寄与すること、さらに異性の間の愛情にのみ価値を置き、それを至上のものとして同性愛者を差別する社会の意識と構造とを分析することによって、同性愛恐怖・嫌悪と闘っていくのに役立つ学問」（キース＝ヴィンセント・風間孝・河口《かわぐち》和也《かずや》『ゲイ・スタディーズ』青土社、一九九七年、二一三頁《ページ》）であると。

でもなぜ、多くの人々は同性愛を恐怖し嫌悪するのでしょうか。そのわけを実感できる優れたドキュメンタリーがあります。『ハーヴェイ・ミルク』（ロバート・エプスタイン、リチャード・シュミーセン監督、一九八四年）です。

もう三五年以上も前の映像ですが、少しも色あせず今も強烈なエネルギーがあふれ出す作品です。アメリカでは黒人解放運動、女性解放運動、障害者解放運動に続き、一九七〇年代に性的少数者の解放運動が起こります。この作品は、初期ゲイ・ムーブメントのカリスマリーダーであるハーヴェイ・ミルクが射殺された事件を中心に、彼を知る多くの人の証言から構成されています。詳細は作品をぜひ見てほしいのですが、ミルクと共に闘ったレズビアンの大学教員の語りが印象的です。彼女はこう語っています。ゲイは道徳的多数者に潰される恐怖を感じ、生活を脅かされるのを感じ、当然、大いに反発しました。しかし見方を変えてみれば、アメリカの大多数のキリスト教上の道徳的〝良心者〟は一定の社会構成や性別役割を信じています。男女が関係すべき道を信じ、家族を信じ、聖書で神が言ったとされる言葉を信じ、彼らは人と関わり生涯を送ってきました。そこへ突然〝変質者〟が現れ、別の生き方が素晴らしいというのは恐怖です。つまりキリスト教的価値にねざして作られたこの国の仕組みがゲイから攻撃されたということです。カムアウトし自らの存在を主張する同性愛者たちが、安住の場としての「日常」を攪乱《かくらん》することに〝恐怖〟を抱いたのです。だからこそ「日常」に闖入《ちんにゅう》する〝異質な存在〟として、同性愛者をなんとしても排除したかったのです。

ドキュメンタリーの後半、ミルクが殺害されたことに悲しみ怒った人々は、ろうそくを掲げ、無言でカストロ通り（ミルクが暮らし運動を展開した場所）を歩いていく。川のようにゆっくりと流れていく無数のろうそくの光。静寂の怒り、静寂の悲しみがカストロ通りを埋め尽くしていった。こうした映像は見ていて本当に言葉を失います。

ドキュメンタリーのラスト。ハーヴェイ・ミルクの演説する言葉が流れます。強烈なホモフォビア、社会の暴力に正面から立ち向かい、カムアウトして自らが生きる場を具体的に変革していく意味が語られます。アメリカの七〇年代という時代の雰囲気が満ちているといえるでしょう。ただそれは歴史としての一面ではなく、性的少数者への差別や排除、そして彼らの異議申し立ての中核にある普遍的な原風景とでも言えるものです。

「知ったかぶり」や「思い込み」から自分を解き放つ

今では、インターネットなどで多様なセクシュアリティを生きる人々についてさまざまな情報が流れています。言葉を検索すれば、これまで知らなかったことについて簡単にそれも大量に情報を入手することができます。

さてその質や信頼性はさておき、大量に情報を得られるとして、私たちは性的少数者がどのような存在でどのように生きているのかを「知っている」と言えるでしょうか。

何年か前ですが、私のゼミに女性同性愛の当事者がいました。彼女はごく親しい友人だけにカムアウトしていました。彼女は日常的な〝生きづらさ〟について、私に語ってくれたことがあります。〝生きづらさ〟を象徴する例として挙げたのが、自分が同性愛であることを気取られないよう、サークルや飲み会などで同性同士でかわされる会話に〝あわせる〟ことでした。同性の会話ではいわゆる「恋ばな」が頻繁に話題となります。「好きな男いる？」「いまつきあっている彼氏はどう？」「どんなタイプの男が好き？」「本気で結婚したい相手はどういうのがいい？」等々。恋愛対象＝男性という揺るぎない前提で会話が交わされ、相手の語りにあわせて盛り上がります。仮に盛り上がらないとすると、その子は付き合いが悪い奴だというレッテルが貼られてしまったりします。周囲の女性と同じようにどんな男とつきあいたいかを語り、今つきあっている男の自慢をしたりけなしたりする「恋ばな」に適切にあいづちを打ったりして楽しんでいる〝ふり〟を彼女は常に演じ続けざるを得ないのです。

「全く関心もないことにあわせて、盛り上がったりするのって、先生、ほんと疲れますよ」と語ってくれた彼女はとても印象に残っています。

私は「差別の社会学」を授業して、毎年六〇〇通以上の学生のレポートを読んでいます。課題文献をまとめただけの内容や、レポート最後で「やはり今の社会がより差別を許さない方向へ変わっていく必要があるでしょう」と評論家風に決めている見事な〝他人事《ひとごと》〟の内容や、先生である私が読めば満足するだろうと典型的な反差別の文言がちりばめられた内容、またできるだけ一般的で普遍的な議論で差別を論じ切ろうと努力する内容など、多岐にわたっています。もちろん差別問題をめぐり正しく適切な知識を吸収することは重要ですが、学生一人一人が自分のこれまでの人生や現在、未来の人生にとって差別を考えることがどのような意味を持つのかを〝自分の論理〟で考え、〝自分の感情〟で感じ、どこかから借りてきた概念ではなく〝自分の言葉〟で語りだそうとしているレポートに出会うとき、私は思わず身を乗り出して、行間の意味までも読み取ろうとします。

ところで多様なセクシュアリティや性的少数者に関連して、彼らのレポートには体験談が多いように感じます。他の差別問題についても体験談を語るものはありますが、性的少数者の問題については、より頻繁にそうしたレポートと出会います。おそらく、この問題は、若い彼らにとって、より身近で日常的なつながりを感じるからなのでしょう。

自分の知り合いに同性愛者がいたこと、自分の周りにはいなかったが、隣のクラスや学年でいたことを知っている、女子校出身だが、みんなから憧れの的になっていた先輩には決まった相手がいたようだ、など直接間接の度合いは異なりますが、これまで自分が生きてきた日常に性的少数者がいたと語るのです。こうしたレポートでは、この問題を「知っている」し「理解している」証拠あるいは根拠として体験が書かれています。

なかには体験の意味を考え直し、自分の日常をどのように変えていったらいいのかをあれこれ模索し真面目に考えている内容もあります。その時は、私も一緒に考えてしまいます。しかし他方で、多くの体験談レポートを読み、ある疑問を抱きます。

「確かに、身近なところで性的少数者はいたとして、その体験を振り返るだけで本当にこの問題、性的少数を生きる人々がどのように感じ、考え、生きてきているのかを「知っている」ことになるのだろうか」と。

先に述べた『ゲイ・スタディーズ』の中で、風間孝たちは、差別を考えるときのわかりやすい「目安」をあげています。それは「知ったかぶり」と「無知」ということです。

「知ったかぶり」とは、同性愛者自身の経験とは関係のないところで作られた同性愛者についての「知」に基づいて、彼らを外部から都合よく決めつけることです。こうした「決めつけ」は、さらに「わかったふり」をすることで、意識的にも無意識的にも自分が同性愛者を排除しているという事実を隠蔽してしまいます。

「無知」とは、ただ単に「知らない」ということではありません。それは「知りたくない」という姿勢を隠し持ちながら、「知らない」という姿勢を維持することで同性愛者を差別・排除していく営みです。

このわかりやすい「目安」は、被差別当事者の現実や当該の差別問題に対して、私たちがどのように「距離」を取ろうとするのかを端的に説明しており、とても鋭いなと私は思います。「知っている」と語るだけでは当該の差別を十分に理解したことにはなりません。例えばそれがいかに「知ったかぶり」の知と密接に繋《つな》がっているのかなどをさらに考え直していく必要があるのです。

たとえば、私は友人が同性愛だと知っていたし、特別扱いしないで普通に彼（彼女）とつきあってきたとします。だから同性愛については「知っている」のだと。でも友人とつきあうなかで身につけた「知」がどのようなもので、それが支配的な社会や文化で息づいている「知ったかぶり」の「知」とどうつながり、どう対抗しているのか、などをさらに考えたことがあるでしょうか。一度も考えたことがないとすれば、自分の体験から得たものは「友人は同性愛者だ」という事実だけではないでしょうか。もっときちんと体験を反芻《はんすう》し「「同性愛者」としてのカテゴリーを生きる友人」は社会のメンバーとしてどのような居場所をもっているのかいないのか、友人は「同性愛者」として、どのような〝生きづらさ〟と出会っているのか、などを考え直す必要があります。そうすることで初めて、「同性愛」を生きる友人を理解し、同性愛という「問題」を理解する〝入口〟に立つことができるのではないでしょうか。

「あるカテゴリー」を生きる人を理解するということ

では、多様な性を生きる人々を、ただ自分が出会った他者の一人ということでなく、「あるカテゴリー」を生き、歴史を創造する主体だとして、どのように私たちは理解することができるのでしょうか。そのためには、やはり性的少数者が支配的文化や価値という圧倒的な力のなかで、いかに差別され排除されてきたのかの具体的な事実を知る必要があるし、また彼ら自身の活動や運動を通して、彼らの「声」がいかにして、私たちの日常に届き、日常を微細ながらも確実に変容させているのかを考える必要もあるでしょう。でもまだまだ彼ら自身の活動や運動が小中高校の教育の中で「現代社会」や「現代史」、「国語」などで紹介され、その意義が生徒に伝えられているとは言えない現状があります。

ここでは一例をあげておきたいと思います。「ゲイ雑誌『Ｇ－ｍｅｎ』にみるグラスルーツ・アクティヴィズム」（『年報社会学論集』第32号、二〇一九年、八四―九六頁）という興味深い論文があります。大島岳《おおしまがく》さんという若い研究者が書いたものですが、社会学専門の学術雑誌に掲載されているので、多くの人々が読む機会は限られています。でもそこで明らかにされている内容は、私たちが知っておくべき重要なものです。

ＨＩＶという感染症ウイルスがあります。ウイルスを根絶させる薬はまだ開発されていませんが、現在では治療法が進み、慢性疾患の一つとなっています。ただこの病気の存在が世界中で知られるようになった初期（一九八〇年代初め）、効果的な治療薬もなく、感染すれば必ずエイズを発症し、死に至る病としてメディアが伝え、「恐ろしい病」として私たちは認知していました。日本では血友病治療に使われる非加熱製剤にＨＩＶウイルスが混入し、製剤を使用した人が感染するという薬害の問題がよく知られていますが、同時に男性同性愛者間での性感染としてＨＩＶが広まっていく危険性があったことも事実です。

本来であれば、国家はＨＩＶというウイルスそれ自体を私たちに正しく告知し、感染予防の仕方など適切な情報を提供すべきです。しかし当時は、メディアがかきたてた「死に至る病」としての恐怖もあり、HIVに感染しやすい存在として男性同性愛者を「決めつけ」、彼らを含め、HIV陽性者という「人間」を「危険」な存在としてくくりだすような法律さえ作りました。すでにあった同性愛者への偏見や差別をそのまま利用し、HIVを広める「危険」な存在として、彼らに対して、さらに強烈な〝負の烙印《らくいん》〟を押しつけたのです。

これは、HIVという社会問題を考えるうえで、恥ずべき日本の歴史だと言えるでしょう。ただその事実を批判するだけではなく、大島は、ゲイ雑誌のバックナンバーを丁寧に渉猟し、当時、男性同性愛者はどのようにしてHIVという感染症の「危険」に立ち向かっていったのかを調べ、そこに独自の〝草の根の行動や活動〟があったことを明らかにしています。

周囲から強烈な〝負の烙印〟が押され、国家からも「危険」な存在だと指さされるなかで、彼ら自身にとってもHIVは「死に至る恐ろしいウイルス」でした。性行為時の血液でHIVが感染するとして、それをいかにして防ぐのか、などHIVをめぐる最先端の正しい知識や感染予防対策などを仲間に知らせる営みは、同性愛という自らのアイデンティティの存立をかけて実践すべき意義ある活動でした。だからこそ彼らは、自主的に男性同性愛をめぐり当事者が読む情報誌を創刊し、HIVというウイルスに対する向き合い方や日常的な性をめぐる実践法という「処方箋」をわかりやすく、ときに面白おかしく載せ続けました。

こうした〝草の根の行動や活動〟は、支配的文化や価値に安住している私たちには「見えない」ものです。なぜなら、私たちが自分とは関係ない異趣味の雑誌だと「決めつけ」ている以上、当時、ＨＩＶウイルスやＡＩＤＳという感染症を正しく理解し、予防するうえで必要な対策は何かなどの適切な「実践知」が掲載されていたなどと想像すらできないからです。でも実際はその情報誌のなかで、ＨＩＶウイルスに向き合うために必要な「知」や「規範」が語られ、歴史が確実に創造されていたのです。

多様なセクシュアリティを生きる人々をめぐり、これからも多様なことが語られ、さまざまに評価されていくでしょう。でも彼らが性的少数者という「カテゴリー」を生き、独自に歴史を創造していく主体であるという事実を見失うことなく、私たちは、常に支配的文化や価値を相対化する「くせ」を身につけていくべきなのです。

第六章　障害から日常を見直す

〝ガイジ〟って使ったことありますか

以前出した新書『「今、ここ」から考える社会学』（ちくまプリマー新書、二〇一七年）の中で〝シンショー〟という言葉について書いています。学生レポートでわりと頻繁に出会った言葉であり、彼らが小中高校生の頃、動作がとろい誰かに対して「おまえ、シンショーか」などとからかっていたのだと。

これを読んだ何人かの他の学生から別の話を聞きました。「先生、ぼくらはシンショーなんて使ったことはありません。でも〝ガイジ〟という言葉は聞いたことはあります」。彼らいわく、動作がとろい誰かに対してだけでなく、友だち同士でも、反応が鈍かったりしたときに「おまえ、ガイジか」と言い、からかって遊んでいたのです。

私は、彼らの話を聞きながら、人間というものは、ひと（他者）を差別、排除したり、侮蔑したりするのに、なんと〝豊かな〟想像力を働かせるものか、とある意味感動していました。〝シンショー〟は身体障害者の略称である「身障」であるし、〝ガイジ〟は「障害児」の後半だけを使った略称からきています。そしてそうした言葉を、なにげなく使う私たちのほとんどは、ある〝比喩〟を使って目の前にいる他者をからかっているだけであり、まさかそれが障害ある人々に対する差別であり攻撃であるなどと思わないのです。

なぜそのような〝比喩〟を使うのでしょうか。その狙いが「否定」であり、「否定」のニュアンスが障害者という言葉やカテゴリーから私たちが「あたりまえ」のこととして受け取る偏ったイメージや歪《ゆが》んだ知に依拠していることに気づけば、それらは「単なるからかいの言葉」に留まらないことがわかるでしょう。つまり〝ガイジ〟や〝シンショー〟は、「あるカテゴリーを生きる人々に対する決めつけや思い込みから生み出された言葉であり目の前にいる他者を馬鹿にするだけでなく、そのカテゴリーを生きる人々すべてを結果として差別してしまう言葉」であることがわかるのです。

「比喩」と書きながら、私は「豚一家」というフレーズを思い出しました。北海道のローカル局に『おにぎりあたためますか』というテレビ番組があります。関東でもローカル局のネットで放送されており、私が大好きな番組の一つです。女性アナウンサーと男性俳優二人で全国都道府県をまわり、県ごとに三泊四日くらいで地元のうまいものを紹介し食べまくるという内容です。

まさに「豚のように食らう」ので、ナレーションは彼ら三人のことを「豚一家」と呼びます。面白おかしいトークで盛り上がり、少々無理をしながらも食べまくる三人の姿を象徴するぴったりの比喩だなと思いますが、もう少し時間と金をかけて工夫すれば、より洗練した旅とグルメの番組ができるのに、それができず彼ら三人の豊かな個性に頼っているという番組制作サイドの自虐的なニュアンスもまた同時に感じてしまいます。「豚一家」とはその意味で見事な「比喩」だと言えるでしょう。

「豚のように食らう」。こう言われて私たちはなんと失礼な、と憤慨するかもしれませんが、差別されているとは感じないでしょう。それは自分たちが豚という動物を差別しているなどと思わないからであり、豚たちから「人間は私たち豚をこうだと決めつけ、差別している」という告発や異議申し立てを受けたことがないからです。「動物虐待」という言い方はありますが「動物差別」という言葉はありません。やはり差別とは、ひと（他者）がひと（他者）に対して行う営みであり、いかにしてひとを否定するのかをめぐり豊かな想像力が発揮される〝あまりにも人間的な〟現象といえるのです。

さて本章では、障害者をめぐる「あたりまえ」の了解や知にどのような差別を考える手がかりがあり、またそれが今、どのように変貌し得る可能性へ拓《ひら》かれつつあるのかを語ってみたいと思います。

他者《ひと》の全否定はできない

障害者をめぐる常識的イメージの特徴や変遷を語る前に、どうしても確認しておきたい事実があります。事実というか、数学で言えば公理とでもいえるものであり、私たちがその事実を軽んじたり、意味のないこととして自らの生活世界から消去してしまうとすれば、それは、私たちが「人間」をやめることを意味するし、人間としての尊厳を互いに認め合うという人間社会の根本が崩れ去ってしまうものと考えます。

それは、私たちには、ひと（他者）を全否定することを正当化する理屈などない、という大前提です。数年前に神奈川県相模原市にある障害者施設で当事者と職員あわせて数十名が殺傷されるという衝撃的な事件が起こりました。みなさんも記憶されていることと思います。犯人は裁判の中で、多くの人を殺し傷つけたことを反省する弁は述べていますが、他方でなぜ自分がそのような行為をしたのかという理屈は変えることはありませんでした。重度の障害者は生きる価値のない存在であり、社会にとって何の意味もない。だからこそ自分は彼らを殺したのだと。どの障害者を刺すかを決めるとき、施設職員に彼らが言葉を話せるか、言葉で意思疎通ができるかをその場で聞き、できない人を刺していったというのです。なんという身勝手な理屈で恐ろしい行為でしょうか。こんなひどい行為は誰も許さないだろうし、まさか犯人以外の誰も、このようなひどいことはしないだろうと、私たちは事件を「特別なこと」とし、犯人を「特別な存在」として理解しようとします。

私もそう思いたいという気持ちにかられます。しかし本当にこの事件は「特異」であり「異常なことを考え実行した」まさに「特異」な人間が起こしたのだという了解で済ませてしまっていいのでしょうか。彼が障害ある人々を抹殺するのを正当化した理屈は、彼だけが抱く限られたものなのでしょうか。私はそうは思いません。まさか、あのような恐ろしい行為をする人など他にはいないかもしれません。でも私たちの「あたりまえ」の知のなかには、あの行為を正当化する理屈とは無関係とはいえない〝人間に対する見方〟が息づいています。

それは、人間の能力に関する見方です。私たちに、あることが「できる」とします。そこで私たちは「できる」ということに価値を置き、それを前提とした基準を設けます。その結果支配的な社会や文化では、基準に従い「どれくらいできるか」によって人間が序列づけられ、「できない」人は最下層に位置づけられ、その社会から「外されて」いきます。冒頭に説明した〝シンショー〟や〝ガイジ〟という揶揄《やゆ》の背後にはこうした見方が息づいています。

端的に言えば、障害者差別は能力差別です。先の犯人が、言葉が話せない＝意思疎通ができないと決めつけ、該当する障害者の命を奪おうとするとき、その背後にはコミュニケーション能力について揺るぎない「前提」が息づいています。言葉が話せない存在はこの社会で生きる意味がないと。なんと狭く限られた「決めつけ」であり能力の見方なのだろうかと思います。確かに言葉を使って普段私たちは他者とやりとりしていますが、決して「言葉だけで」やりとりしているわけではありません。

かつて若いころ勤めていた大学へ、近所に住む若い男性が聴講生になりたいと申請したことがありました。彼には知的障害がありましたが、結局大学は正式な聴講生とは認めず、自主的に大学へ通うことになりました。私はしばらく彼の大学への送り迎えをしていました。朝彼の家に車で迎えに行くと、母親がにこやかに出迎えてくれます。彼は広島カープの熱烈なファンで、前日の試合結果次第で彼の気分は変わります。

けっこうな言語障害があり、私には最初彼が何を語っているのかがほとんどわかりませんでした。でも母親はすべて了解していました。送り迎えを続け、少しずつでしたが、私も彼とやりとりができるようになっていきました。大学では自主聴講を支持する教員や学生たちと一緒にいて、そのときの彼の身体は弛緩《しかん》した状態、つまりのんびりだらっとしていました。

母親いわく、私たちといるのはいい雰囲気なので、緊張する必要もなくこんな感じなのだと。何か必要があり、大学の教務など窓口に行くとき、彼の身体は思いきり緊張し固くなっていたことを覚えています。このような体験から私は、言語を超えたコミュニケーションが成立し得ると実感しています。

ひと（他者）と「わかりあう」ことは、決して言語を介したやりとりだけで達成しているわけではありません。また障害をめぐる能力の評価は、特定の社会や文化に支配的な価値に必ず従うという意味で「絶対的」なのではなく、常に相対的で新たな可能性が拓かれています。どのような能力であれ、それが不足しているという理屈で、ひと（他者）の全存在を否定することは決して正当化されるものではありません。

障害者をめぐるイメージ

私は、映画やドキュメンタリーを見るのが大好きですが、以下では興味深い作品を紹介し、読み解きながら話を進めたいと思います。まず私が主張したいことを先取りしまとめておきましょう。

かつて障害者は奇異な存在、見世物として表象され、笑いやからかい、驚きの対象として描かれてきました。映画『エレファントマン』(デヴィッド・リンチ監督、一九八〇年)で描かれる障害者像は、その典型です。そうした表象と出会い、私たちの多くは、好奇心をくすぐられ、驚くとともに彼らをかわいそうだと同情し、障害者は憐憫《れんびん》の対象となってきました。これは、かわいそうだと同情していれば、彼らを理解したことになるという日常生活次元での「あたりまえ」に息づいている発想に裏打ちされたものと言えるでしょう。

ただ、こうした古典的な了解の仕方は、完全に死に絶えてはいないものの、確実に以前に比べ変容しています。つまり障害者をただ憐《あわ》れな対象として捉えることには大きな限界があるということです。なぜそうなってきたのでしょうか。背景はさまざまに考えられますが、変容を促した大きな源の一つとして、より良識的に障害者問題を考える時に「福祉的マインド」とでもいえる新たな知が「あたりまえ」のものとして、私たちの日常に定着してきたことがあげられるでしょう。つまり、単なる憐憫や同情は、障害者に対する理解ではなく、彼らを遠ざけ下に見るという差別の端的な実践であることを、私たちは「あたりまえ」の認識だとして認めつつあります。

憐憫や同情にかわって、今、私たちの日常を急速に席巻しつつある障害者イメージが、明朗快活に頑張る障害者であり、彼らへの無条件の過剰な賞賛がこのイメージを補強しているとも言えます。新型コロナウイルス禍で二〇二一年の東京オリンピック・パラリンピック開催が検討されているなかでも、このイメージは、増殖の途上にあります。テレビコマーシャルや通勤電車の車内広告などで、こうしたイメージが〝大活躍〟していると言えるでしょう。そこで少し丁寧にこの障害者イメージがもつ問題性を語ることにします。

それは、速ければ速いほど良いといった能力主義的な価値観を絶対とするスポーツ競技で、失われた能力のことは忘れ、残存している能力を最大限鍛え、同じような障害をもつ人々のなかで頂点に立つことの素晴らしさを、無条件にそして過剰に賞賛することにあります。確かに、頑張る障害者の姿をみれば、多くの「健常」である私たちは、普段の暮らしで自分がいかに努力不足かを思い知ったり、彼らのようにもっと頑張らなければと励まされたり、障害を見事に克服して、競技している姿から放たれる輝きに感動し賞賛するでしょう。こうした感動や賞賛は、ある意味自然な反応であり無理に否定すべきものではありません。

こうした感動や賞賛は、私たちが頑張る障害者イメージを肯定的なものとして受け入れる大きなエネルギーとなります。ただ受容された肯定的なイメージが輝けば輝くほど、その〝まぶしさ〟のために、私たちは目が眩《くら》み、具体的には頑張っている素晴らしい姿以外の障害者が見せる多様な姿やいろいろと悩み苦しみながら生きている彼らの「リアル」を見つめにくくなります。つまり頑張る障害者イメージは、それだけが強調されれば、多様な形で生きている障害者の実際の姿それ自体を冷静に落ち着いて理解しようとする志向や営みを抑え込む強力な力として働いてしまう〝あやうさ〟があります。そしてこの〝あやうさ〟は私たちが障害者理解を大きく深く育てるうえで、マイナスの働きをしてしまうのです。

障害者解放運動、自立生活運動、さまざまな当事者運動や障害学、当事者研究などの学的実践をとおして創造されてきた新たな知が、少しずつでも私たちの日常へ浸透し、その結果として障害者を了解するうえで「あたりまえ」のように用いてきた従来の〝狭く、偏った〟障害者イメージを、確実に変容させている。それは確かなことだと思います。

しかし他方、文化・メディアの領域では、障害をもたない多数の私たちが、自分たちと同じ存在として、「もう一人の他者」として、障害者を「あたりまえ」に語り、描き、表象するための日常的で実践的な知がいまだ十分に醸成されていないこともまた事実でしょう。同じ存在とは、同質な存在という意味ではなく、多様な「ちがい」を持ちながらも、同じ「人間」として交流し、交信が可能だという前提に立つという意味での「同じ」なのです。

さて、こうした主張について、順次紹介していきたいと思います。

憐れみの対象として描く

「差別の社会学」という授業の中で、私がほぼ必ず受講生たちに見せている映画があります。『フリークス』（トッド・ブラウニング監督、一九三二年）という作品です。私が大学生の頃は、アンダーグラウンドの自主上映会などでしか見られなかったカルト作品です。今はＤＶＤ化され誰でもが見ることができます。

多様な障害をもつ人々が芸人として活躍するサーカスの世界。主人公は小人のハンス。同じ障害をもつフリーダという婚約者がいながら、彼は空中ブランコ乗りの「美女」クレオパトラ（クレオ）に魅《ひ》かれていくのです。彼女はヘラクレスという「豊かな肉体」だけの男性と関係を結びながらハンスの純粋な想いをもてあそび貢がせています。ハンスに莫大《ばくだい》な遺産があることを知るクレオ。彼女はヘラクレスと相談し、ハンスと結婚した後、わからないように殺すことを決めハンスに少しずつ毒を飲ませます。結婚披露宴のシーン。さまざまな障害をもちサーカスの芸人として活躍している仲間たちはハンスたちを祝福し盛り上がります。しかしハンスは、酔ったクレオの振舞いから彼女とヘラクレスの仲と、自分がもてあそばれていることに気づきます。その後彼らが遺産目当てで自分を毒殺しようとしていることを知り、ハンスが仲間たちと共に彼らに復讐《ふくしゅう》するというストーリーです。

「フリークス」というタイトル。一見すれば、多様な障害をもつ彼らを指すように思えますが、監督の意図は異なります。障害者をからかい蔑視し排除し差別する〝ひとでなし〟の姿。それこそが「フリークス」です。〝ひとでなし〟の行為がまさにひとを「フリークス」にしてしまう、そんな強烈なメッセージがこの作品から湧き出してきます。自分たちをひととして扱わず差別し、殺そうとまでするクレオやヘラクレス。復讐を仲間たちに告げ、ハンスが冷ややかに笑いながら、彼らのことを「このフリークスよ」と独り言つ場面が印象的です。誰が〝怪物〟で〝ひとでなし〟なのかは、明らかです。ちなみに日本公開当時の題名は「怪物団」。なんと映画の真意がわからない粗末な題名だろうかと正直悲しくなります。

私がこの映画を学生たちに見せたい理由。それは、クレオやヘラクレスの〝差別する姿〟の醜さや、差別すること＝ひとでなし、という明快な図式を、映像を通して彼らに確認してほしいからです。

今一つ重要な理由は、障害者の行為を描く〝自然さ〟について語りたいからです。両手のない女性が足を使って食事をし、両手足がない男性（芋虫男）が、口と顔を使って、箱からマッチを取り出し、マッチを擦り、タバコに火をつけるしぐさなど、障害者の普段のしぐさが、とても自然な形で撮られています。監督のトッド・ブラウニングは若い頃サーカスで働いた経験があり、おそらくはそこで得た体験が障害者の自然な描き方に反映されているのでしょう。障害者が登場する最近の映画やドキュメンタリーの多くにどうしようもなくまとわりついている「福祉的マインド」「微細な配慮」が微塵《みじん》も感じられず、とても〝自然に〟彼らは飯を食い、ワインを飲み、たばこを吸っています。

ただ、この〝自然さ〟は、障害ある姿それ自体を見つめようとする営みに由来するものではありません。そこには、奇異な存在、見世物として障害者をとらえ、奇妙な彼らのしぐさを淡々と見せて、その姿を驚き、嗤《わら》うという「健常者」の悦楽が裏打ちされています。その意味で、思い切り不自然な〝自然さ〟であるといえるでしょう。自らの障害をさらし観衆を驚かせ笑わせる彼らの才能や力がすべて、「嗤《わら》われる」存在として了解される当時の状況が映画から伝わってきます。

もう一つ紹介したい作品があります。『さようならＣＰ』（原一男監督、一九七二年）というドキュメンタリーです。

一九七〇年代、重い障害を持つ我が子を母親が殺すという痛ましい事件が起こります。その裁判に対して母親への減刑嘆願の動きが起きます。それは障害をもつ子を一人で育てる母親の〝苦労や大変さ〟への同情からでした。こうした世間的な動きに怒りを全面に出し、人間として生きて在る権利をラディカルに主張したのが脳性マヒ者の運動団体「青い芝の会」の障害者たちでした。作品では、街頭で拡声器を持ち、自らの主張を語る彼らの姿が描かれ、「重症児は殺されていい存在なのか！　青い芝の会」という手書きの看板が見えます。

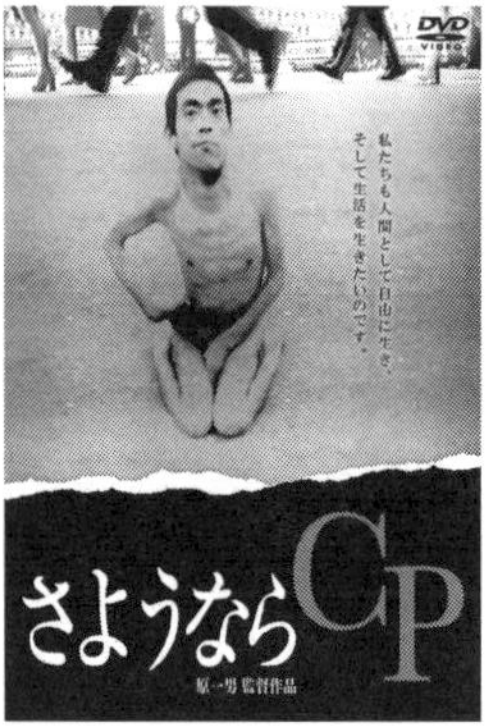

映画『さようならCP』

　このドキュメンタリーでは、彼らの身体や語りをまっすぐにそのまま捉えようとしますが、見ている私たちが一連の映像をどのように解釈したらいいのかという手がかりや手助けは、映像のなかにほとんどありません。

　障害ある男性たちが自己語りをする場面、長時間彼らのアップが続きますが、言語障害に程度差があり、何を語っているのか容易に聞き取れないときもあります。ドキュメンタリーに字幕はありません。当然ながら、いったい何を語っているのだろうと映像と音声に注意を集中することになり、見ていてエネルギーを使い、かなりくたびれるでしょう。一見、不親切に思えるこうした映像も、まさに障害をもつ自分たちという存在にまっすぐ向き合えという主張を映像制作者が伝えようとしたのだと了解できます。この作品は、すでに多くの評価を得ている優れた作品であり、私も、こうした人間理解をめぐるぶっきらぼうな主張が見る側に投げつけられる映像構成の〝荒っぽさ〟に魅力を感じます。

本書を書くにあたり今回、あらためて見直してみました。彼らが街宣活動、カンパをしている場面。バスを待つ多くの「健常」の人々が、興味深そうにそして迷惑そうに、一定の距離を保って、遠巻きに彼らを見ています。幼い娘に小銭を渡し、娘にカンパさせる母親の姿。彼らからビラを受け取り足早に通り過ぎる人。こうした映像に「健常」の人々の語りが淡々とかぶさっていきます。

「なぜあなたはカンパしましたか?」「なんか気の毒だと思って、かわいそうだから、あげました」「やっぱり、あの、普通の人と一緒に働けないでいらっしゃるからね」「まぁ、私たち健康でめぐまれておりますんで、そのぶんだけ出させていただきました」「同じ人間なのに不幸にしてああなったわけでしょ」「自分の子どもが丈夫ですからね。ありがたいと思いまして」等々。

彼らを憐れみ同情しさげすむ語りが、これでもかと繰り返されています。

今回新しくわかったことが一つあります。このドキュメンタリーは自らの生きざまを直截《ちょくせつ》に訴える障害者自身のアップと彼らから平然と〝距離〟を保ち生きている「健常」の人々がいる遠景からできていました。性欲をどのように満たしたのかについて、向けられたマイクに明け透けに語る男性障害者たち。彼らのアップが延々と続きます。

新宿駅地下街へ出向き、行きかう「健常」の人たちへ詩を語ろうとする男性。これから自分が何をするのかを行き交う人々に伝えようとするがうまくいきません。そこで付き添ってきた女性が「この男性は詩人です。彼は今から詩を語りますので、聞いてやってください」と。私は「聞いてやってください」の言葉にしらけてしまいました。

ドキュメンタリーの終わり、道路の真ん中に座り込む障害者男性。次の瞬間、映像は切り替わり、彼は一糸もまとわない姿になっています。こうした映像効果もまた、象徴的に見る側に何かを伝え訴えているといえるでしょう。

ただ私は、こうしたシーンはすべて、彼らだけを見つめた映像であり、そこには他の誰もいないことが気になりました。正確に言えば、新宿の地下街を急ぎ足で通り過ぎる多くの「健常」の人々がいて、障害者男性が座り込んだ道路のはるかかなたや公園の離れた遠いところには「健常」の人の姿が見えます。しかし私には、アップされる障害者と「健常」の人々がいる場所の間にあるどうしようもない〝距離〟が印象に残りました。

一九七〇年代、この〝距離〟を埋めようとする「健常」側の努力も工夫もなかった。そのことをこの作品は端的に訴えています。

障害は克服すべきもの？

あるテレビドラマを見ました。『太陽を愛したひと～1964　あの日のパラリンピック～』（二〇一八年八月二二日放送、NHK）です。一九六四年に開催されたパラリンピックを中心になって推進した医師が主人公のドラマです。『さようならCP』よりもさらに十年ほど前で当時は、障害者自立の思想や運動もなく、同情・憐れみ、蔑みという世間の力に対抗する術もありませんでした。人は、いったん障害をおってしまえば、それまでの人生が否定され、将来の展望もなく過ごさざるを得ない状況にありました。主人公の医師はその状況を変えたいと当時障害者医療や福祉の先進地であったイギリスを視察し、車いすでバスケットボールに興じている障害者たちの活気に出会い、驚きます。そして、活気を引き出したのが、リハビリテーションという発想と治療であると現場の医師に教えられます。

失った能力を嘆いても仕方がない。残っている能力を磨き、新たな生活や人生を拓いていくことこそ重要だと。主人公は帰国し、自分が見てきた現実を日本でも作り出そうと奔走します。同僚医師の無理解や家族や親族の諦めや怒り、障害をおった当人の諦めや怒り、抵抗などに直面しますが、彼はそれら一つ一つに丁寧に対応し、辛抱強く乗り越え、リハビリテーションの治療を実現していきます。

ドラマの出来は悪くなく、見て感動するでしょう。なるほどパラスポーツやパラアスリートたちの原点はここにあったのか、医師の本気と障害当事者の懸命な努力にあったのかと。もちろん、私はこうした感動を否定するつもりはありません。ただドラマやいまのパラアスリートたちの紹介のなかに暗黙の知として息づいている了解の仕方が問題と感じました。

一つは、障害は完全に否定すべきもの、消し去ってしまうべきものだという了解です。ある能力を失わせた原因は障害そのものであり、能力が失われたことにいつまでも固執していても仕方がない。残っている他の能力を鍛え、新たな人生を創造すべきだという思想や治療は、障害者が生きていくうえで重要なものでしょう。しかしそうであるとしても、障害それ自体は完全に否定し消し去るべきものなのでしょうか。

例えば、スポーツ社会学では、中度障害をおったアスリートが障害を受容できず苦悶《くもん》した後、親密な他者のサポートのなかで、いかにして人間観や社会観を変え、障害を受容し、新たなパラアスリートとして変容していったのかを分析した多くの研究があります。こうした研究を読めば、障害をおった当事者は当然さまざまな苦悩を経験しますが、これまでの自分の精神や身体を見つめなおし〝生きていく意味〟などを新たに創造することを契機として障害を受容し、障害ある存在という新たな自分を肯定していく過程がわかります。しかし、ドラマでは、その重要な障害を受容する過程などが描かれることはなく、ただ新たな能力を鍛える姿だけが注目され描かれています。こうした描き方は、当事者が実際に生きる姿と異なり、そこには偏った障害者理解を生むあやうさが確実にはらまれていると言えるでしょう。

今一つは、障害を克服し、新たな能力を鍛えるのは、あくまで当事者個人なのだという了解です。ドラマでは、障害ある当事者が車いすを乗りこなし、バスケットボールができるようになるまで懸命に一人で努力する姿が描かれています。こうした姿に対しても私たちは感動するでしょう。しかし感動しながら、個人が障害を負えば、それと対峙《たいじ》し克服するのも当の個人だという了解を認めることになります。障害学の思想や成果を参照するまでもなく、障害者が体験するさまざまな生きづらさの原因は、社会や私たちが生きて在る生活世界の側にあるのであって、障害者個人にあるわけではありません。しかし、このドラマでの描き方に象徴されるように、メディアでは、依然として〝障害を個人化する〟つまり〝生きづらさ〟の原因はすべて障害がある個人の側にあるという了解が暗黙の知として生き続けています。

障害者を「もう一人の他者」として描く

では、私はどのような障害者イメージが適切だと考えているのでしょうか。端的に言って、それは、狭く偏ったステレオタイプやカテゴリー化からは一線を画し、障害者を一人の人間、「もう一人の他者」として描くことを目指したものです。

『オアシス』（イ・チャンドン監督、二〇〇二年、韓国作品）という映画があります。ヴェネチア国際映画祭などで受賞し、すでに世界で高い評価を得ている作品です。

二人の人物が登場します。一人は刑期を終え出所したばかりの男性です。彼は複数の前科があり、世間的な道徳や常識からはずれ、周囲に迷惑をかけ小さないさかいを起こしたりしながらも飄々《ひょうひょう》と生きています。もう一人は脳性マヒの障害をもつ女性です。彼女は、狭いアパートで一人暮らし、窓から入る日光を鏡に反射させ、天井にゆらめく光を羽ばたく白い鳥と想像して遊んでいます。放り出した鏡が割れ、反射する光も細かく分散します。そのとき、彼女のイマジネーションは、光の分散に応じ白い鳥から多くの白い蝶《ちょう》へと変化します。彼女自身の心象風景を描く、こうしたシーンは印象に残ります。

男性は仕事の途中で女性を見かけます。直後、彼は彼女のことが気になり、アパートに入り込み、レイプしようとします。彼女は必死に抵抗しますが、叫んでも声にならず、身体も極度に硬直し、しまいには失神してしまいます。驚いた男性は我に返り、彼女の顔に水をかけ、意識をもどそうとします。気がついた女性に男性は懸命に謝罪します。その後男性は女性のアパートにでかけ、二度と犯そうなどとはせず、いろいろと世話をやきます。女性もそれをうけいれ、次第に関係が深まっていきます。映画は、打算や計算も何も感じない二人の不思議な愛の深まりと突然の強引な別れ、そして別れた後も続く二人のつながりを予感させるセンスあふれるラストを描いていきます。

私がすごいと感じ入ったのは、主演女優の演技です。彼女は、硬直し不随意に動く手足、硬直した表情、口元、言語障害での語りづらさなど、脳性マヒの障害がある女性の普段の姿を見事に演じ続けます。外見だけを似せるのではない、まさに障害ある女性の内面も含めたすべての「リアル」を演じようとする迫力が伝わってきます。DVDの特典映像に女優のインタビューがあり、そこで彼女は役作りについて語っています。脳性マヒの女性に実際何度も話を聞きにいき、仲良くなり、いろいろと教えてもらったのです。その過程で女優は自分の中にある障害者への偏見に気づいていったといいます。偏見と向き合いながら、どのように演じればいいかを試行錯誤していったのだ、と。

彼女は、障害者、脳性マヒ者というカテゴリーを演じたのではありません。そうではなく、生きざまに由来する深い内面をもつ女性を「もう一人の他者」として捉え、その人に脳性マヒという障害があり、障害とともにその人がどのように生きているのかを想像し、演じたと言えます。映画には、脳性マヒで身体が硬直し痙攣《けいれん》する女性の姿と、障害に由来する硬直や痙攣から瞬間解放され、心象世界が自由に展開する女性の姿が交錯するシーンが何度も出てきますが、幻想的ですばらしいものです。

さて、『オアシス』はフィクション作品ですが、障害ある人々を「もう一人の他者」として優しく分厚く描いた必見のドキュメンタリーを紹介しましょう。

『もっこす元気な愛』(寺田《てらだ》靖範《やすのり》監督、二〇〇五年)という作品です。倉田《くらた》哲也《てつや》という主人公。生まれつきの障害で両腕が自由に動かず、言語にも障害があります。普段の生活は足を使っており、自ら作った共生ホーム「元気」で仲間とともに暮らしています。彼には四年越しで交際している小学校教員の美穂という女性がいて、二人は結婚したいと願っています。しかし美穂の母親が頑なに哲也を受け入れようとしません。ドキュメンタリーは二人の日常を静かに見つめていきます。

前半は、哲也が自動車免許をとろうと奮闘する物語が中心です。「奮闘」と書きましたが、映像からはことさら頑張りが伝わってくるようなシーンはありません。ただ障害者が免許などとれるはずがないと決めつける免許センター職員の姿など彼の前にさまざまな壁が立ちはだかっていることが映像には淡々と描かれています。

一度目は、合格点に足りず不合格。二度目の学科試験で合格した後、地元テレビが彼に取材をしているシーンがあります。それは哲也をみつめるしっとりとした、それでいて軽妙なドキュメンタリーのまなざしとは思いきり異質であり滑稽なものです。若い女性アナウンサーが「よかったですね、ピース、いぇい！」とVサインを出し、まるで彼を子ども扱いするかのように語りかけ続けます。彼女は哲也に対して、どのように語りかけ取材していいか戸惑っているのでしょう。一人の若い男性である哲也に対して普通に取材すればいいのに、彼女の「普通」のなかに「もう一人の他者」として障害者を捉え、向き合うための〝処方箋〟が存在せず、困惑しているようです。このことに気づくとき、なぜそのように気づき感じるのか考えてみれば、とドキュメンタリーはさらに私たちを〝誘い〟ます。

哲也は、住んでいる熊本から一人車を運転し、北九州からフェリーに乗り、大阪の友人に会いに行きます。さらに東名高速をひた走り、東京へ。ようやく夜に首都高に入り車線変更をしようとする哲也。しかし後ろから走ってきたトラックが接触し、哲也の車の右ミラーが折れ曲がってしまいます。車を止め、被害を確認しながら「恐るべし、首都高」とつぶやく哲也。私は思わず噴き出しました。哲也という人間が素直に現れた大好きなシーンです。

ドキュメンタリーには、哲也を頑なに拒む美穂の母親の声が静かに流れます。それは強烈に障害者を排除し差別する営みですが、この作品はそれを非難し〝撃とう〟とはしません。母親の差別をめぐり〝啓発〟する説明は一切ないし〝啓発〟しようとする意志も感じません。しかし、なんとか母親にわかってもらいたいと奔走する「もう一人の他者」として哲也を描きこもうとする映像から、人間としての哲也の苦悩も、差別に向き合おうとする哲也の意志も自然と伝わってきます。結果として、障害者をめぐる〝生きづらさ〟〝差別に対する日常的な闘い〟が、静かに淡々と、しかし確かなものとして見る側に伝わってくるのです。

パラスポーツとは何か

先述したように、いま私たちの「あたりまえ」のなかに、障害者に対する憐憫と同情、そして障害を克服した存在に対する賞賛と驚嘆という二極分解した障害者イメージが、まだ生き続けていることは確かです。そしてそれは古典的で因習的なイメージであり、時代の流れの中で、確実に変容しつつあることも確かです。

さらにこの変容に大きな影響を与えつつあるのがパラスポーツの紹介と普及であり競技者

のイメージアップです。この動きは、二〇二〇年に東京でオリンピック・パラリンピック開催が正式に決定してから急激に加速されてきています。

しかし軽やかに障害を忘れ去り、明朗快活に競技しているのがパラアスリートだといわんばかりの障害者イメージだけをメディアでいくら流布しても、それは多様な障害者の「リアル」を私たちがよりよくより深く理解するために役立つことはないでしょう。

テレビなどでパラスポーツが紹介される最近の番組をみていると、いろいろと気づかされます。例えば、スペイン語を学ぶ語学番組です。進行役の女優がアルゼンチンに出かけ、現地スタッフとともにさまざまな体験をしながら、日常よく使うフレーズを学んでいくという流れです。

ブラインド・サッカーを紹介する回がありました。アルゼンチンはブラインド・サッカーがとても強いのです。彼らが練習している場にお邪魔し、女優もアイマスクをしてボールを蹴ったり、ゴールを入れたりしていました。当然、技量ある選手たちには彼女はかないませんが、そうしたシーンをみていて、ある事実に気づきました。

ブラインド・サッカーとは、視覚障害がある人もできるように「健常」の人のサッカーを工夫したスポーツではないということです。そうではなく、視覚障害がある人が楽しめ、競えるように考案された、まさに視覚障害者のためのオリジナルなスポーツなのです。女優はアイマスクをして視覚は一時的に封じられますが、残りの感覚を駆使しても、音が鳴るボールにあわせて、うまく蹴ることはできないし、ゴールポストの両端と真ん中を叩《たた》いた音で、ゴールの広さやゴールまでの距離を把握し、キーパーを避けてシュートなどするのは不可能です。他方、選手たちは、なんなくボールをあやつるし、見事にキーパーをはずしてシュートを決めるのです。

何らかの理由で視覚が封じられた人々にとって、彼ら自身の「あたりまえ」の動きや状況判断は、視覚以外の感覚や彼らが生きてきたこれまでの体験から得た何かによって達成されるものであり、そうした動きや判断は、トレーニングを通して、さらに研ぎ澄まされていきます。この過程は、「健常」のアスリートと特に変わることはないと思います。こう考えると、車いすに乗って、「健常」の私たちがパラスポーツを体験する機会がよくありますが、体験後「車いすの操作がむずかしかったが、おもしろかった」と、さもパラスポーツを理解できたかのようなコメントをすることが、いかに一面的で皮相的であるかがわかるでしょう。

今一つ感じたことがあります。それは自転車競技の選手の努力を伝える番組でした。選手は両足の膝から下を事故で失い、両方に義足をつけて、自転車のタイムトライアルに励んでいます。少しでも速く自転車をこぐために必要なこと。それは選手自身の筋力トレーニングであり、義足の改良でした。彼にとって、自転車を漕《こ》ぐのは、ペダルを足裏で押しつけ両足をまわして漕ぐという感覚ではなく、両膝で交互に押して漕ぐという感覚だというのです。その感覚をもとに、義足が彼にぴったりと合うように改良されていきます。義足を改良する技術は高度なものでしょう。いわば、両膝と義足が一体化し、もっとも効率よく両膝の動きが義足を通して伝わるとき、選手のもつ力が最高に発揮されるのです。この競技もまた、「健常」の人の自転車競技と同じではなく、障害ある選手の個別の障害とサポートする義足などの技術が溶け合った独自のスポーツと言えるでしょう。

　ところで私は、最近メディアが紹介するパラスポーツの内容が数年前にくらべ、水準があがってきているように思います。以前は、「健常」のスポーツが大前提であり、障害ある人々も楽しめ競えるようにそれを工夫したのがパラスポーツという「リアル」だというレベルでした。しかし今は、パラスポーツはそれぞれ異なる障害をもった人々が、一定のルールや基準を設けて楽しめたり競えたりするそれ自体独自のものであり、「健常」のスポーツと並び立つ、全く異質でオリジナルな「リアル」だと伝える内容へと変化しています。

　たとえば見栄えのする競技だけに注目し、その競技で活躍する少数のパラアスリートが放つ〝輝き〟だけをいくらテレビや車内広告で反復して見せたとしても、私たちの障害者をめぐる「あたりまえ」の知を根底からつくりかえる契機とはならないでしょう。

パラスポーツの個別競技の詳細、それぞれがどのようなスポーツで、どのような障害に対応し、競技者の能力や個性に応じて、どのような工夫がされ、ルールが作られたのか、競技を見るうえで、どの点が興味深く、どこに注目してみれば、楽しく観戦できるのかなど、〝パラスポーツをめぐる本当の意味でのリアル〟を伝えるテレビ番組やニュース特集、新聞記事など、もっともっと多くあるべきではないでしょうか。

能力主義のあやうさ

パラスポーツが「健常」のスポーツの派生や亜流ではなく独創的な営みであることやパラリンピック成功に向けてメディアを中心としてさまざまな動きがあるなかで、私たちの中に「あたりまえ」として息づいている障害者イメージが確実に変容しつつあること、などを書いてきました。しかし私は、こうしたことを書いておくだけでは、やはり〝危うさ〟を感じてしまいます。

この章の最後に、この〝危うさ〟について書いておきます。

障害をもたない多くの人々のなかには、スポーツを頑張る人もいれば、楽しむ人もいます。スポーツなどしたくない人もいれば、したくてもできない人もいます。障害ある人々とパラスポーツとの関係も同じです。彼らのなかにも、頑張りたい人もいれば、適当に楽しみたい人もいますし、パラスポーツをやりたくてもできない人もいるのです。

つまり私たちは皆が皆、頑張っているわけでもないし、頑張り方の度合いも異なります。頑張らないでそれなりに生きている人もいれば、なんとか生きようと悩み苦しんでいる人もいます。多様な障害をもつ人も、一人一人異なる人間として、日常を生きているのです。

ところで私たちは、どのように考え感じることでパラスポーツの独創性を理解しているのでしょうか。言い方を変えれば、パラスポーツが独創的であると私たちが了解する背後にどのような考え方や感じ方が息づいているのでしょうか。

それは、障害があることで「できない」とされている人々が私たちの想像や想定を超えて「できる」ことへの驚きなのです。私は先に障害者差別は能力差別だと書きました。「できない」とされる人々が「できる」姿をみて、驚き、その存在を認めるとすれば、やはりその考え方や感じ方は依然として、「できるかできないか」という能力主義的な見方に依拠していると言えるのではないでしょうか。私は、そこに〝危うさ〟を感じます。

この〝危うさ〟を乗り越えるには、どう考えていったらいいでしょうか。一つは能力主義的な見方の〝危うさ〟を十分自覚しながら慎重にそれとつきあっていくというやり方でしょう。今一つは、私たちが「あたりまえ」に能力だと考えている定義を一気に拡張し、いわば〝常識的〟な能力主義の考え方を無効化してしまうやり方です。

たとえば、一九五〇年代末に北欧において先進的な福祉社会の基本を広めたB・リニエは、ノーマライゼーションの原理をまとめています。

ノーマライゼーションとは何でしょうか。一言でいえば、多様な障害を持つ人々や高齢者などさまざまな「差異」をもつ存在が、差別や排除などを受けず、メンバーの一人として支障なく暮らせるような社会づくり、ということです。ノーマライズとは「正常化する」という意味ですが、まさに物理的にも精神的にも〝生きづらさ〟に満ちた今の社会が「正常」ではないという発想です。

そして、その原理の重要なものとして、「知的障害者の無言の願望や自己決定の表現に対する理解と尊敬」があります。言葉を使うことができないとしても、知的障害をもつ人々は「何も望まない、何もしようとしない、何もできない」存在ではない。彼らは自らの願望や意思を自分なりの仕方で他者に伝えることができる。だからこそ「無言の願望」や「自己決定の表現」を私たちは理解すべきだし、ただ理解するのではなく、言葉以外のそうした営みに対して人間としての敬意を払うべきなのだ、と。ある人に重度な知的障害があり、私たちの大半にとってその人が何を考え、何を感じているかがほとんど伝わらないとしても、親やきょうだいや身内など親密な人々は、その人からの「無言の願望」を聞き、「自己決定の表現」を理解し、愛すべき子ども、きょうだいとして意味づけています。

重度な障害があるとしても、ただその人は生きてくれているだけで意味がある、という言い方をよく見かけます。私は「ただ生きてくれている」のではないと思います。より正確に言えば、重度な障害があるとしても、その人は、ひと（他者）にさまざまな意味を伝え、さまざまに影響を与えることができているという意味で「できる」存在であり、「「できる」存在として生きている」のだ、と。この世に生まれた時点で、無意味であり〝なにもできない〟存在の人間など誰一人としていないのです。

第七章　異なる人種・民族という存在

少子高齢化が日本社会を変える

今後、日本社会がどのように変貌し、私たちの日常の「あたりまえ」はどのように変質していくでしょうか。私はすでに六〇歳をすぎており、あと何年かで大学教員としての仕事もおわります。どのくらい生きられるかはわかりませんが、二〇年近く社会の変化を見ることはできるでしょう。ただその変化の「主役」にはならず、傍らで変化のありようを見ながら驚く存在であることは確かです。しかし本書を読んでいただいているみなさんにとって、日本社会の変化は「他人事《ひとごと》」ではありません。まさに変化する社会のメンバーとして、これからさまざまな場所でさまざまに生きていくことになります。

大学の講義で、よく話すことがあります。日本は高齢化が問題となりはじめて、すでに長い時がたっています。一方少子化も進んでいます。新聞やテレビのニュースで明らかですが、日本は人口減少に転じ、一九五〇～七〇年代の高度経済成長期のように、常に発展し拡大する社会は今後訪れることはないでしょう。昔のような経済発展を再び日本に取り戻すヴィジョンをいろいろと語る政治家はいますが、それは幻想であり見果てぬ夢だと思います。

ですから低成長あるいは現状維持のなかでは、「望むべくもない利潤追求こそ至上の価値だ」という「前提」から解き放たれて、同時に多様な価値を受け入れ日常を新たに創造するために何をどう考え、何をどう変えていけばいいかを、真剣に考えなければならない状態になりつつあるのです。

医療技術の驚くべき進歩で、私たちの寿命はのび、同時に出生率はあがらないとするとどうなるでしょう。つまり高齢化と少子化の結果、中核として働ける労働者の数が減少することになります。繁栄を維持し、高齢者への福祉を考えたとき、労働力を確保することは社会にとって重要な課題です。ではどうすればいいでしょうか。

一つは、これまで働いていなかった人々に新たに働いてもらうことです。具体的には女性の社会進出です。確かに以前に比べ、今は女性が働く割合は増しています。しかし実際は福利厚生などが整った正規労働ではなく、非正規雇用に女性の割合が増え、問題となっています。ただ女性を多く働かせればいいという問題ではありません。女性が新たな労働力として正規に社会へ進出していくためには、法律を含め、今の社会制度や仕組み、そして私たち（主に男性ですが）の生活分業をめぐる〝常識〟を根本から発想転換し、作りかえていく必要があります。そのための施策は少しずつでも講じられてきていますが、例えば政治に携わる議員の大半がまだ男性であり、伝統的で因習的な男女観、性別役割分業の考え方、男女の美徳などが彼らの背景にあり、真の意味での働き方改革などはまだ実現は程遠いでしょう。

今一つは、足りない労働力を、日本の外から調達するというやり方です。具体的には外国人労働者や移民を受け入れていくということです。これもまた、ただ外から労働力を調達すればおしまいではなく、外国人労働力を確保するうえで日本社会がどのような準備をし、社会をどのように変えていけばいいのかという深く大きな問題に直結しています。アジアの端に位置するちっぽけな島国である日本が、今後も繁栄していくためには、外国人といかに繋《つな》がれるか、人種・民族、宗教や文化、基本的な価値観など、さまざまな「ちがい」をもつ人々とどのようにして交信し、共に暮らせるのかを構想し実践していくことが喫緊の課題です。

本章では、日常において、私たちが外国人をめぐる「リアル」をどのように捉え、どのようにそれとつきあっていけばいいのかを考えたいと思います。

私はかみさんと二人でアジアの街歩きをすることが好きです。街の通りや残された古い建物などから、その町がたどってきた歴史をうかがうことができ、観光地だけを駆け足で効率よく回るツアーとはまったく異質な面白さがあります。私にとって、太平洋戦争時代、日本がアジアで残してきた痕跡を確認することが街歩きの目的の一つですが、負の痕跡もあれば、負だとは言い切れない痕跡もあります。戦争博物館といった施設だけでなく、日本であれば昭和レトロを楽しむ当時の品物を雑多に集めたような観光目的のミュージアムに、日本軍の兵器や当時現地で使われていた日本語教科書、日本語使用を強制する当時のポスターなどが陳列されていたりします。

さて、こうした街歩きをしながら感じ考えたことを大学の授業でもよく話します。それは、日本がこれまで一度も外国の植民地と化したことはないという事実です。正確に言えば、二度支配を受けていた時期があります。一つは太平洋戦争敗戦後、アメリカが日本に進駐していた時期であり、今一つは日本全体ではありませんが、一九七二年に日本に返還されるまで、戦後沖縄はアメリカの統治下にありました。それに対して、アジアの国々はポルトガル、オランダ、イギリス、フランス、アメリカなど欧米諸国の植民地支配を受けてきました。そして太平洋戦争時代は日本の支配も受けてきました。

植民地として支配されること、それは支配する国の制度や文化、価値などに大きな影響をうけることです。それは外国人つまり異なる人種・民族、異なる言語や文化、宗教をもつ人々と出会い、共に暮らすことを強制されることです。対等な交流などではなく、言語や文化、習慣、生活様式などを一方的に地元の人々に浸透させていく過程ともいえるでしょう。被支配の歴史は決して望ましいことではありませんが、多くのアジアの人々は、こうした歴史を生きてきました。

対照的に日本には強制的であれ自主的であれ、外国人つまり異なる人種・民族の人々と日常的に出会い、共に暮らすという歴史はありませんでした。周囲を海に囲まれ、地続きの国境もなく、簡単には外国人が日本を訪れることができなかったのかもしれません。いずれにせよ日本人は、日本という殻に閉じこもって、相対化することもなく日本人であり続けようとしてきました。

この外国人との交信や交流が基本的に欠落した歴史が、私たちが抱く日本人観に影響を及ぼしているように、私は思います。たとえば純粋な日本民族という言葉や見方がいまだに生きているようです。「純粋な」とはいったいどのような意味であり、何をよりどころにした言葉なのでしょうか。私にはさっぱりわかりません。日本人はもともと北方や南方から日本列島へ渡ってきた人々がもとになったという考古学の成果もあり、いわば日本人は「雑種」民族なのです。でもなぜ「純粋な」と思い込めるのでしょうか。それはやはり外国人経験の欠落から来ているように思えます。

いまや「外国人が珍しい」といえば、おそらく多くの人から失笑を買うでしょう。でもそうした時代が近代化の途上にあった少し前の日本にはありました。

一九七〇年、大阪の千里丘陵で日本万国博覧会が開催されました。半年の開催期間で六〇〇〇万人以上の入場者がありました。当時の日本の人口の半分以上が万博に出かけた計算となり、いかに国家挙げての一大イベントであったかがわかります。自宅から電車に乗り三〇分で会場に行けたこともあり、当時中二であった私は、夏休み何度も通いました。朝一番でお目当てのパビリオンに駆けつけたことを思い出します。

全世界的イベントでもあり、当然、多くの外国人観光客もやってきました。おそらくこれほど多くの外国の文化と外国人が日本の限られた場所に集まることはなかったのでしょう。私自身も含めて当時の人々は、本当に外国人を珍しがりました。人々は、有名な俳優やスポーツ選手でもないのに、会場で働く外国展示館のコンパニオンに、サインをねだったのです。また同じ頃、テレビで有名なクイズ番組がありました。私は毎週見ていましたが、優勝賞品はハワイ旅行でした。司会者が毎回語る決まり文句は「一〇問正解して、さぁ夢のハワイへ行こう」でした。そう当時はただの「ハワイ」ではなく「夢のハワイ」だったのです。今でこそ、簡単に航空機を使って海外旅行に出かけます。でも当時はまだ海外旅行は高額であり、とても庶民がすぐに実現できる娯楽ではありませんでした。外国へ行くこと、日本で日常生活の場面で外国人に出会うことが希少かつ珍しい時代があったのです。

五〇年も昔の話です。若い人々にとって、今紹介した昭和の日々は想像もつかない一時代前の日本だと思います。でも私から言わせれば、外国人が珍しかった時代は、子どもの頃普通にあった日常でした。輸送機関など移動手段が圧倒的な進歩を遂げ、インターネットに象徴される情報革命によって、日本と外国との〝距離〟は一気に縮小し、子どもの頃あった日常は「昭和レトロ」という言葉が象徴するような、ただ回顧し懐かしむ記憶となっています。

インターネットが「あたりまえ」となった現在、私たちは、身体の一部と化したスマホを使えば、外国の社会や文化をめぐるあらゆる情報を瞬時に検索し、簡単に手にすることができます。またリアルタイムで外国の映像を見られます。その結果、私たちは日常あらゆる場面や機会で外国人をめぐるさまざまな「リアル」と出会っていると言えるでしょう。

しかしそうした日常を生きているとして、私たちは外国人や彼らの文化などを十分理解し、納得することができていると言えるでしょうか。私はそうは思いません。なぜなら、私たちは、一番身近なところで生きてきた外国人すら、まだ十分に理解し、お互いを尊敬し共に暮らす〝術《すべ》〟すら身につけていないからです。

「イムジン河」という歌があった

「イムジン河」という歌をみなさんは知っているでしょうか。一九六〇年代フォークソングが流行《はや》っていた頃、ザ・フォーク・クルセダーズという人気グループがいました。私たちは「フォークル」と呼んでいましたが、彼らの代表的作品です。ただこの歌は歌詞やメロディの素晴らしさのゆえに数奇な運命をたどることになります。

イムジン河とは、朝鮮半島の真ん中、軍事境界線近くを流れていて、いわば北朝鮮と韓国を分断する北緯三八度線を象徴する川です。「イムジン河」はもともと北朝鮮で歌われていたようです。ある時、ある人が京都の朝鮮中高等学校で歌われているのを聞き、その素晴らしさに感動して、日本語の訳詞をつけ「フォークル」に提供し、彼らはステージで歌うことになりました。分断され北で暮らしているが、鳥になってイムジン河を越え、南にいる家族に会いにいきたい、いったい誰がこの国をわけてしまったのかと望郷や分断の痛みが美しいメロディに乗せて歌われています。ヒット間違いなしとレコード化が進められますが、一九六八年、発売される直前、在日朝鮮人の組織である朝鮮総連からレコード会社に抗議があり会社も当時の政治状況に配慮し、突如として販売中止になってしまいました。

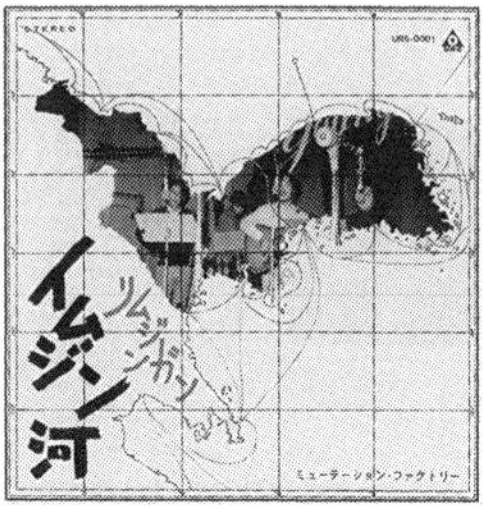

ザ・フォーク・クルセダーズ
「イムジン河」

　ただ当時レコードは販売中止になったものの、さまざまなかたちで歌い継がれ、「イムジン河」は今では、誰でも自由に歌い、自由に聞くことができるようになっています。

　この歌の歌詞を考えてみると、ある事実がわかります。それは、朝鮮民族は、いま朝鮮半島の北と南そして在日と三つに分断されているという事実です。太平洋戦争で日本の敗戦直後、日本にいた朝鮮人は半島へ戻ろうとしましたが、全員が戻れるはずもなく、仕方なく日本に住むことを決めた人々がいました。また自らの意志で日本に留まることを決めた人々もいました。また一九五〇年に起こった朝鮮戦争の結果、朝鮮半島は二つの国にわかれ、朝鮮民族も分断され、離散家族という問題が生じました。いわば、太平洋戦争と朝鮮戦争が朝鮮民族に大きな〝負荷〟を与えてしまったのです。

朝鮮半島で韓国と北朝鮮の〝戦争状態〟が終われば、離散家族といった民族分断をめぐる〝負荷〟の一部を取り除く可能性が開けてくるかもしれません。しかし日本に暮らす朝鮮人は朝鮮半島へ戻れば、彼らにとっての問題はすべて解決するのでしょうか。私はそう簡単なことではないと思います。

私は大学の授業で学生たちに九〇年代に作成されたある人権啓発ドキュメンタリーをよく見せますが、そこに登場する在日の若い女性がこう語っています。

「韓国に行けば、韓国の人たちにとって、私は日本人以外の何者でもない。日本に戻れば韓国人だと言われる。いったい私は何人なんだろうと、悲しくなる時もあります」と。

私たちがどこかに〝根〟をはやし、〝根〟をしっかりとはることで、安定した自分や暮らしを確保できるとすれば、彼女の語りは典型的な〝根なし草〟の存在としての自分への葛藤を表明しています。もちろん、自分を拘束する〝根〟など必要ではなく、コスモポリタン（地球市民）として自由に暮らしたいと考え実践している人々もいるでしょう。ただ多くの在日朝鮮人にとっては、〝根なし草〟という不安定な状態から脱し、日本に暮らす外国人として、日本を構成するもう一人の「市民」として「生きる権利」を取り戻すことは回避し得ない大きな課題なのです。

在日の人々が、さまざまな不条理な現実に異議を申し立て、変革を求めて運動を展開することは、いわば歴史の必然だとも言えますが、日本の支配的現実に立ち向かうことで、同時に彼らに対する差別や排除もまた勢いづき「日常で見えるもの」になっていきます。

かつて私が中高校生であった一九七〇年代、大阪では部落解放運動も盛んにおこなわれていましたが、同時に在日朝鮮人は制度的差別を打破しようと当事者たちの解放運動を進めていました。私の中学三年のクラス副担任の女性教員は、当時熱心に在日朝鮮人教育を進めていたことを記憶しています。当時の中学校や高校では、在日の子どもたちに「本名宣言」を促し、彼らを支えていくという教育実践が行われています。それは、彼らに在日朝鮮人の民族としての誇りを教え、在日に対する厳しい差別に対抗し、誇りある人間として生きていくための日本の通名でなく朝鮮の本名で暮らしていく意味を教える実践でした。

当時は、指紋押捺拒否の運動、外国人登録証の常時携帯への異議申し立ての運動も盛んに進められていました。在日の人々は、両手の指紋をすべて押捺することが強制されていました。このことをいま授業で話しても、多くの学生は、それがなぜ問題なの？　というような顔をして聞いています。拇印《ぼいん》を押すだけではなく、指一本ずつぐるりと半回転させてとる指紋の取り方であり、これは犯罪者の記録で採用されている指紋の取り方と同じだと説明すると、ようやく、その問題性に彼らは納得します。在日の人々は犯罪者同然に扱う当時の「管理」の不条理さに異議を唱え、制度変革を求めたのです。外国人登録証の常時携帯も同じ発想からの在日「管理」です。

『パッチギ!』が描く在日の「リアル」

『パッチギ!』(井筒和幸監督、二〇〇五年)という映画があります。一九六八年の京都が舞台であり、在日の若者の日常を、先に語ったように当時、朝鮮半島の政治的状況への配慮から発禁となっていた「イムジン河」という名曲や流行ったフォークソングに乗せて描かれる青春映画の傑作ですが、娯楽作品でもあり思いきり笑えます。日本人の主人公が在日のツッパリたちと意気投合し、在日の娘に恋をし、彼らが生きている「リアル」が理解できたと思い込みます。仲良かった友人の突然の事故死がきっかけとなり、彼は、友人の葬式の場で在日一世男性の腹の底からこみあげる怒りと出会い、驚き戸惑います。彼らの「リアル」を理解できたと思い込んでいた自分のおめでたさを思い知り、自分に対するどうしようもない怒りと情けなさが爆発し、持っていたフォークギターを叩《たた》き壊し、鴨川《かもがわ》へ投げ捨てるシーンが印象に残ります。

ここで描かれているのは、在日の姿や被差別の歴史を「ないこと」にしないで、きちんと向き合う大切さです。それは、私と同じ時代を暮らしてきた多くの人々にとって、在日朝鮮人との向き合い方や共生を考えるための、不可避の「前提」なのです。

でも、私は最近、この「前提」が確実に崩れていると感じます。そして、在日朝鮮人や朝鮮人という「他者」を「他者」として「わかろう」とするために必要な〝手がかり〟が衰えてしまっていると感じています。

映画『パッチギ！』

たとえば、大学の学部演習で『パッチギ！』について報告した学生がいました。映画には、当時の在日朝鮮人の状況や政治的動きについて、立ち飲みのおじさんとのやりとりなどを通してわかりやすく「学べる」シーンが組み込まれていました。ただ学生の報告や感想などを聞き、私は愕然《がくぜん》とせざるをえませんでした。彼らは、これまで受けてきた中高の教育や育ってきた環境のなかで、在日朝鮮人をめぐる歴史的事実や彼らの問題など一度も聞いたことがないというのです。もしこれが事実であるとすれば、『パッチギ！』にちりばめられた在日が語る被差別の現実や先に述べたような日本人主人公のどうしようもない自分に対する怒りや情けなさなどを、学生たちは理解できないでしょう。私が学生であった頃は、確かに不十分であったかもしれませんが、問題意識をもつ学校教員たちによって、授業の中で、また日常生活の他の場面で、在日をめぐる知が語られ、「他者」としての在日をどう「わかろう」とすべきかが伝えられていました。私たちは、こうした日常のなかで、在日を「わかろう」とし、また、どのように在日との〝壁〟を認識すればいいかを模索し、生きていました。

もちろん、かつてに比べ、在日と私たちが置かれた状況が異なってきているとはいえ、今は、こうした知が確実に教育の場、社会啓発の場から消え去ってしまっているように思います。ヘイトスピーチがもつ明らかな差別性を考え、その差別性を自分なりに理解できるとしても、たとえば在日朝鮮人の歴史や現実、異議申し立て運動、解放運動など彼らがつくりあげてきた独自の運動や文化の意義をめぐる基本的な知識を持たずして、どのように自分の心にしっかりと根をおろした在日理解ができるのでしょうか。

基本的な知識を私たちに提供し、差別と日常を考える人権教育や社会啓発という実践が弱体化しつつある現在、差別的な営みを、まさに私たちの日常で〝意味なきもの〟にしていくタフで多彩な実践はどのようにすれば可能になるのでしょうか。またそうした実践を私たちが、考えるうえで、かつてに比べ、今、何が衰え、何が不足しているのでしょうか。

こう書きながら『パッチギ！』の続編を思い出します。『パッチギ！ LOVE&PEACE』（井筒和幸監督、二〇〇七年）です。一九七二年、舞台は東京の設定ですが、在日朝鮮人の主人公や友人たちが、海辺で焼き肉をしながら楽しく語りあっているシーンがあります。そこで主人公の女性が芸能界で働きたいという夢を語りますが、彼女が語る夢を受けて、みんなが口々にしゃべります。

「芸能界は在日だらけだ」「紅白歌合戦も自分たち在日がいなかったら、やれたもんじゃない」「もし力道山が朝鮮人だと初めからわかっていたら、日本人はあんなに応援しただろうか」「野球でも張本さんは自分のことを明かしてがんばっているし、えらい。もっと他の在日もそうすればいいのに」等々。

大衆的な芸能文化やプロ野球などのスポーツの世界が、在日の活躍や貢献なしでは成立しなかったという歴史的事実を彼らは笑いながら雑談しあっています。このシーンは正面切っての抗議や批判ではありません。でもそうであるがゆえに、よりくっきりと、ある事実、ある主張を見る側に示していきます。

それは、戦後長い時間がたつなかで、日本は近代的な社会として成長し、経済的、文化的豊かさも手に入れてきた。ただそうした成長は日本人だけで作り上げたものではない。差別や排除などさまざまな〝生きづらさ〟に直面し、なんとかそれを乗り越えていく過程で、在日は実質的に日本人とともに生き、日本という社会や文化を創造してきた。誰が見ても明らかな事実であるのに、多くの日本人は「知ろうとしない」し「認めようともしない」。在日に対して「距離」をとっておきたいという〝壁〟が、いまだに日本人の心や意識のなかに生き続けていることへの異議申し立てであり、日本人の〝残念な〟姿に対する皮肉なのです。

でもいま、こうした日本人の〝残念な〟姿が、確実に変わりつつあるように私には思えます。私のゼミでも毎年韓国との関係や韓国の文化などをテーマに卒論を書く学生がいます。ハングルが読めるので、日韓の歴史教科書の内容を比較検討し、日韓関係を考え直したいという学生もいましたし、K－POPをこよなく愛しており、K－POPがいつから始まったのか、韓日のポピュラー音楽の影響などを調べたいという学生もいました。彼らにとって休日に新大久保にでかけることは、わくわくする楽しいできごとなのです。

私にとって在日や日韓関係という問題を考える原点の一つは「イムジン河」でした。あの歌がもつ力を若い世代にも理解してほしいという気持ちはあります。ただ若い人々にとって、在日に対する「距離」や朝鮮人への「決めつけ」を壊して、それらを〝意味なきもの〟にしていく力を持つ原点は他に多くあると思います。若い人々には、ぜひ新たな原点から力を得て、ヘイトスピーチのような差別行為がいかに下劣でくだらないのかを得心し、在日の人々と共に生きる新たな「リアル」を構想し創造していってほしいと思います。

「純粋な」日本人って何？

さて別の話題に移りたいと思います。私たちが「日本人」をどう考えるのか、という問題です。これもまた外国人をめぐる「リアル」が私たちの日常生活やネットなどの情報空間で満ちている現在、真の「国際化」を考えるうえで重要なテーマだと言えます。

ある新聞の社会面に小さな囲み記事が載りました。「「差別的」批判　学長謝罪」という見出しです。ある大学のゼミがSNSなどを通じて行った「日本人」意識に関するアンケートに差別的な質問項目があり、ネット上で批判が起き、それを受けて学長が謝罪文を出したという内容です。プロスポーツ選手の名を挙げて「見た目は外国人風の人を日本人と捉えますか?」「在日朝鮮人と日本人の間に生まれた子どもを日本人と捉えますか?」「純ジャパ以外の日本人を「混ジャパ」と呼ぶことに抵抗はありますか?」などの質問文についてイエスかノーかの二択で答えさせたというのです。

ネット上で批判があがったように、私はこの記事を読み、驚き呆《あき》れました。まず「純粋な」日本人という発想に、同じ血が流れている人間だけを選別し、それを「純粋」と呼び、それ以外を「不純」だと分けていく血統主義の「あやうさ」を感じます。いうまでもなく、こうした血統主義は、例えば第二次世界大戦でナチス・ドイツがユダヤ人や障害者を排斥し虐殺していったホロコーストという歴史的事実の背後に息づいています。

そもそも「純粋な」日本人などという存在は成立し得るのでしょうか。先に少し述べていますが、日本民族はもともと北方や南方から日本列島に移ってきた人々がつくりあげたものであり、その意味で「雑種」です。「純ジャパ」など存在しないし「混ジャパ」もありません。いわば私たちはみんな「雑ジャパ」といえるのです。だからこそ仮に「純粋な」日本人とは何かという問いをたてるとしても、それは「雑種」である日本人の「純粋な」形とは何かを考えることになり、「純粋な雑種」を考えるという、とても滑稽な問いになってしまいます。

確かに近年、日本人と日本以外の人から生まれた若い人々がスポーツや芸能などで活躍するシーンがめだちます。通常私たちは、彼らを「ハーフ」「クウォーター」などと呼んでいます。これらは「純ジャパ」「混ジャパ」に比べ、差別的意味合いのないニュートラルな呼び方のように思えますが、「二分の一」「四分の一」（漢字で書けば身も蓋もない感じですが）は、日本人の血がどれくらい入っているのかという血縁主義の発想が厳然として生きています。

在日朝鮮人と日本人の間にできた子どもをどう捉えるのか、という質問項目がありましたが、これは議論するまでもなく在日に対する「決めつけ」や「思い込み」を前提とし、それらにエネルギーを与えてしまう、その意味で差別的な内容です。差別性が明らかな内容はそれ自体問題ですが、百歩譲って、なぜこのような「日本人」意識を調査したくなったのかを考えるとき、その理由はわかります。「日本人とは外見も中身も含めて、こういう存在だ」という常識的な見方がこれまであったとします。その常識からみて、外れてしまう、あるいは、常識を超えてしまうような存在が、新たに「日本人」としてメディアに登場し、スポーツや芸能などの世界で活躍するという現実と出会い、常識的な見方に慣れていた私たちが端的に言って「驚き、怯《おび》えている」からです。

キツネ目をして丸眼鏡をかけ、出っ歯であり、小柄で猫背、旅行者であれば必ず一眼レフの大きなカメラをぶら下げている。これはかつて欧米の新聞などの社会風刺・政治風刺の漫画で登場する典型的な日本人の姿でした。今もなお、このイメージは日本人を揶揄《からか》うのに使われていると思います。そして近年活躍している「ハーフ」や「クウォーター」の日本人たちは、どう見ても、こうした伝統的で因習的な「日本人」イメージに適合しません。

先の質問や調査の背後にある「驚きや怯え」は、私に言わせれば、その「方向」が間違っています。伝統的な血縁主義を見直そうという発想はなく、それを「変わらぬ前提」として遵守しながら、そこから外れる「外見」や「中身」に「驚き、怯える」のです。「驚きや怯え」を解消する仕方も間違っています。「外見」や「中身」が異質な存在を「日本人」と認めるでしょうかという問いをたて、さらに仮に認めるとしても、「外見」も「中身」も「日本人」である私たちを中心として、では彼らを周縁のどのあたりに置いておけばいいと考えますか、という問いをたてたということでしょう。

例えば、試合後のコメントで片言の日本語を話し、それ以外は流暢《りゅうちょう》な英語で語る「ハーフ」のプロスポーツ選手がいます。この姿に対して、「外見」も異なるし「日本語」も話せないことを問題だと「驚き」ます。でも私は別の「驚き」を感じます。仮にこの選手がより「日本人」になりたいと思い、より流暢に日本語を話せるように努力するかもしれません。でも世界中を転戦し、英語で普段のコミュニケーションを十分こなしていければ、あえて〝日本語が流暢に話せる日本人〟になる必要も必然もありません。

いまや、日本人であれば当然日本語は理解できるはずだという〝常識〟が揺らいでいます。

「日本語がしゃべれないし、流暢に話すつもりもない日本人」が世界で活躍しています。「ハーフ」でも「クウォーター」でもない。ましてや「混ジャパ」でもない。自らの身体に由来する能力を駆使し、日本語以外の言語でコミュニケーションできる「日本人」が日本社会のメンバーとして今後もますます活躍していくでしょう。こうした現実がいま、私たちに伝統的で因習的な「日本人」観の修正や血縁主義だけで「日本人」を捉えるという発想の根本的な転換を迫っているのです。

ONE TEAMの衝撃

「日本人」観の根本的な転換という衝撃を、私たちはいま受けていますが、同様にあるスポーツを知り、「日本代表」をめぐる〝常識〟も見事に覆されてしまいました。二〇一九年、日本で開催されたラグビー・ワールドカップは、私たちに多くの衝撃を与えてくれました。私は、試合が始まって終わるまで、一瞬たりとも気を抜かずに、ボールの行方を追っていました。ラグビーのルールもほとんど知らなかったし、当時マスコミで言われていたように、私も「にわかファン」の一人でしたが、試合を見続けることで、ラグビーのルールもわかり、ラグビーというスポーツがもつ「奥深さ」が、私の心を捕えました。

鍛え上げた重量級の肉体が激しく真正面からぶつかりあいながらも、ボールは常に後方に送る姿、激しいぶつかり合いだけでなく、軽量の選手が俊敏に相手のタックルをかわし、ボールをもって駆け抜ける姿、遠く離れた角度のある場所からポールの間にボールをキックする正確な技術等々。実際の試合も面白かったですが、私は日本代表の選手たちの多様さに驚きました。

他の団体競技と同様、ラグビーもワールドカップは国別対抗ですが、日本代表メンバーの半分くらいは外国籍の選手でした。日本代表チームであれば、メンバーはすべて日本人であり、日本国籍だという「常識」が、見事に覆されました。いくつかの条件をクリアすれば、外国籍の選手も日本代表メンバーになれるということでした。日本が好きだから、自分の力を最大限発揮できる場所だから、日本のラグビーを少しでもレベルアップし強くしたいから、等々、メンバーとして活躍した外国籍の選手たちは、それぞれの理由があり、日本代表になることを選んだと思います。でも私は、そうした理由を考える以上に、国際的なスポーツとしてラグビーがもつ「柔軟さ」に驚きました。

試合が始まり、八〇分たてば、「ノーサイド」です。試合中は敵味方に分かれて競うが、それが終われば、敵だ味方だとサイドに分かれる必要はない。戦った選手も試合を見ている観客もすべてラグビーというスポーツを通して一つになり、まさに〝サイドは一つ〟なのです。こうした「懐の深さ」とでもいえるラグビーの面白さに、私は感動しました。

ＯＮＥ ＴＥＡＭ（ワンチーム）という言葉も流行りました。国籍だけでなく能力の差などさまざまな「ちがい」を持つ選手やコーチが「勝利」というただ一つの目標に向かって、それぞれが最大限努力することで一つにまとまるのです。ラグビーなど団体競技では試合に勝つために頑張っているのであり、こうしたスローガンが意味するところはわかりやすいです。ただ、このスローガンは、団体スポーツだけでなく、人々が複数集まり、まとまって何かするという多くの営みに対しても使われていたようでした。確かに「みんな協力してがんばろう」という程度の意味合いで「ワンチーム」という言葉が象徴的に使われていますが、そこでは「どこか他のチームと闘い勝利すること」が必ずしも最大の目標ではありません。

例えば、人種・民族などさまざまな「ちがい」を持つ人々が地域で暮らしているとします。その地域の人々が「ワンチーム」でがんばろうとスローガンをたてるとして、彼らはいったい何に対して一致団結し、何を得ることで「勝利」したことになるのでしょうか。また小中高校のクラスで「ワンチーム」になろうと担任教師が生徒に伝えるとして、何に「勝利」するために、クラス全員が一つにまとまろうとするのでしょうか。地域や学校などでさまざまな「ちがい」を持つ人々の集まりにとって「ワンチーム」が持つ意味とはどのようなものでしょうか。また私たちが「ワンチーム」になるには何をどのように考え、実践していけばいいのでしょうか。

多民族・多文化共生に驚く

人種や民族などさまざまな「ちがい」をもった人々が共に生きること、つまり多民族・多文化共生にとって「ワンチーム」とは何かを考えようとすれば、私は自分がうけた「ある衝撃」体験をいつも思い出します。

それはかみさんと二人で初めてマレーシアを旅したときのことです。クアラルンプール国際空港に着き、まずは入国審査です。人の流れにそって歩いていきましたが、審査を待つ大勢の人の群れに驚きました。複数あるカウンターに向けて列の仕切りがあり整然と人が並んで待っているのではなく、ただごちゃっと人が群れていました。最後尾はどこだろうと探してもよくわからず、とりあえずゆるゆると動いている人の波にあわせて歩きました。しばらく進んでいくと何人かの係官がいて、複数あるカウンターに均等に人が並ぶように「あっちへ行け、こっちへ行け」と人々に指示していました。雑然と秩序もなく人々が群れており、見た瞬間「どうしようか」と逡巡《しゅんじゅん》しましたが、実は雑然とみえる人々の群れには一定の秩序が働いており、少し時間はかかったかもしれませんが待っている誰も文句を言うことなく審査カウンターに導かれていきました。私にとって日本では経験したことがない、とても不思議な光景でした。

　空港からエアポート特急に乗り三五分で首都クアラルンプールの中心であるKLセントラル駅に着きます。ホテルに行くため、そこから市内を巡っているモノレールに乗り換えです。二両編成のかわいらしいモノレールです。駅につくたびに多くの人が乗り降りしていきます。その「乗客」に、私は驚きました。肌の色や服装など外見がすべて異なる人々であり、話している言葉もすべて異なっていました。今はもう慣れっこですが、最初は一つモノレールに乗り合わせ、彼らと一緒に狭い車内に自分がいることに対して、なんとも言えないようなわくわく感を覚えたことを記憶しています。週末のショッピングモールも同じ光景でした。

　マレーシアは、マレー系、中国系、インド系の人々を中心として構成され、さらに欧米系や日本人など異なる人種も暮らしています。信仰する宗教も異なり、中国系のお寺で長い線香を掲げて一心に祈っている人々がいれば、向かいの通りに大きなモスクがあり、一日に五回のお祈りを告げる声が拡声器で大きく流れています。またその近くには極彩色でさまざまな神様の像がこれでもかと飾られた美しいヒンドゥー教の寺院があり、私たち観光客も裸足になれば寺院に参拝することができます。

市場に行けば、人々の熱気のなかで魚や肉、野菜、果物などが所狭しと並べられ売られています。そこには地元の人々にとっては「あたりまえ」ですが、〝独特な匂い〟が満ちています。イスラム教徒は豚肉を食べませんが、中国系の人にとって豚肉は必須の食材です。食習慣を守ることは彼らの信仰の証しでもあり、市場では奥まった別のところで豚肉が盛大に並べられ売られています。テレビでは、夕方から午後九時くらいまで、各種言語のニュースが順次流れています。同じ話題のニュースもありますが、各民族にとって意味ある個別のニュースも流されています。

まさに「多民族・多文化共生」の「リアル」が、マレーシアの日常を構成しています。そこでは民族や文化の「固有さ」が強調され、大切にされています。そして同時に「ちがい」を認めたうえでの「統一」もまた確認され強調されます。定時にテレビで毎日流されていたマレーシア政府のコマーシャルがありました。そこでは「マレーシアは一つ」であることが人々の笑顔とともに伝えられます。市内バスの大半に描かれていたのは、大きな数字の「1」が目立つ広告でした。宗教、言語、文化、食生活とさまざまな「ちがい」がある、その意味で異なった人種・民族から構成されているが、マレーシアという国は「一つ」であり、「ちがい」を持つ人々もマレーシアを愛し、マレーシアという国のメンバーであるという意味で「一つ」なのだという明快なメッセージを常に政府は発信しています。

もちろんそうであるからと言って、多民族・多文化の共生という「リアル」に差別や排除、人々の対立や葛藤などがまったくないわけではありません。互いが互いを認めざるを得ないがゆえに、こうした人間同士の〝摩擦〟は、よけいに「見えてくる」でしょう。人々は日常、そのことをどこかで常に意識し続けます。彼らはただ何もしないで「マレーシア人」でいるのではありません。常に「ちがい」をもつ他者と交信し交流し続けるという営みが彼らを「マレーシア」人にしています。こうした他者との交信や交流は、他者との対立や葛藤といったトラブルを処理し、お互いが前に進んでいくということなのです。これこそ私たちにとって他者と共に在り続けるために必須な「日常の政治」の姿と言えるでしょう。私は、こうした人々の「日常の政治」を生きる姿に魅力を感じ、その姿から湧き出てくる人々の〝優しさ〟に心が動かされます。

〝優しさ〟と言えば、ボルネオ島のコタキナバルを街歩きしたときの体験を思い出します。郊外にとても美しい市立モスクがあります。観光客はツアーバスかタクシーででかけますが、私たちは公共バスで行こうと考えました。案内図でどの路線に乗ればいいかはわかりましたが、どのバス停で待てばいいかがわかりません。うろうろしていると近くにいた若い男性が懇切丁寧にその場所を教えてくれたばかりか、私たちをそこまで連れていってくれました。

モスク観光後、どうやって市内に戻ろうか、困りました。モスクの前の道路は交通量も多く、バスも結構頻繁に通り過ぎていました。でもバス停らしき標識はいっさいありませんでした。仕方なくモスク入り口にいた男性に尋ねると、目の前の広い道路を渡り、市内へ向かう車線脇の少し空いた場所で待っていればいいと、これまた丁寧に教えてくれました。私たちはその場所で何台かのバスをやりすごし、市内へ戻る番号のバスが近づいてくるのを見つけ、手をあげ、乗り込むことができました。どこまで乗っても1リンギッド（約三〇円）であり、これほど安い移動手段はありません。ただバスは相当使い込まれたオンボロで私の座ったシートはこわれていました。地元の人々はどんどん乗ってきて、市中心にあるデパート前の終点で一斉にみんな降りていきました。そこで暮らす人々の熱気や息遣いを感じることができる楽しい時間でした。

異なる人種・民族の人々と生きるとは

さて本章の初めに語ったように今の日本社会は、これまで経験したことがない多くの問題に直面し、それらに立ち向かううえで社会をどうつくりかえていけばいいのかを模索しています。より具体的な暮らしの次元で言えば、情報や物流の革命が進展し、情報やモノだけでなく、人間もまたこれまでにない速さで移動できる現在にあって、私たちは日常、どのように「ちがい」のある他者と出会い、交信し、交流することができるのでしょうか。確かにインターネットがなかった時代に比べ、いまは「他者」を理解し、交信し、交流するために必要だとされる情報や知識は圧倒的に〝豊か〟です。もちろん〝豊か〟という意味は、虚偽や誇張など「他者」との出会いを「歪《ゆが》めて」しまう情報も含めて質量ともに膨大だということです。こうした情報過多の日常を生きざるを得ない私たちにとって、より考えるべき大切なこととは何でしょうか。

端的に言って、まず私たちは、まだ「国際化」に慣れていない、日常を「国際化」するうえでの〝素人〟だということを自覚しておくべきだと思います。そして日常を「国際化」するうえで「日本はアジアの一国家であり、私たちはアジアに暮らす人間の一人だ」という認識が必須だということです。これらについて本章の最後に語っておきたいと思います。

先に述べているようにベトナム、マレーシア、フィリピン、インドネシア、台湾、中国、韓国、北朝鮮など多くのアジアの国々は、これまで植民地として他国の支配を受けた歴史があり、そこから独立を果たし独自の繁栄を築いてきています。ただそこには今もなお被支配の痕跡がしっかり残っています。

たとえば、マレーシアに行けば、都市には必ずと言っていいほど「時計台」があります。「時計台」はイギリスによる植民地支配の象徴です。でもそれらは貴重な歴史史料でもあり観光資源として活用されています。またベトナムに行けば、ハノイなどの都市にはおしゃれなカフェが多くあり、朝、屋台でバケットが積んで売られている光景が有名です。これはベトナムがフランスに支配されていた当時の食習慣がいまも生きているからです。台湾に行けば、台湾総督府がその象徴と言えますが、日本家屋や日本統治時代の建物が、いまだに現役で使われています。韓国ではずいぶん前に「朝鮮総督府」は「日帝支配の象徴」だとして完璧に取り壊されており、この点は対照的です。

私は以前、台湾総督府を見学したとき、おもしろい体験をしました。この建物はいまも行政府として使われており一階だけが観光客に開放され、台湾の歴史などを学ぶことができるスペースとなっています。日本人観光客には日本語ガイドがつきそれ以外は英語ガイドがつき、展示されている写真や資料などの説明がありました。日本語ガイドは私たちに日本は鉄道建設など台湾のインフラづくりにいかに貢献したのかを盛んに説明してくれました。なんでこんなに日本をもちあげるのだろう、私たちに嫌な思いをさせたくないのかなといぶかりながら私は説明を聞いていました。別のグループでの英語ガイドの説明が聞こえてきます。そこでは日本がいかに厳しく不当に台湾を植民地支配したかという事実をもとに説明がされていました。つまり日本人とそれ以外の見学客に二つの異なる説明を使い分けていたのです。この事実自体私はとても興味深かったのですが、台湾が戦後発展してきた〝したたかさ〟〝柔軟さ〟を象徴しているように思えました。

アジアの国々がそれぞれどのように植民地支配をうけてきたのかなど歴史的経緯や太平洋戦争がもたらした被害などをきちんと理解する必要があります。と同時に私はアジアの街歩きをすれば、そこで暮らし、さまざまな事態や状況を切り抜けてきた人々の〝たくましさ〟を感じ〝智慧《ちえ》〟を感じることができます。強制であることは確かだが、暮らしていくうえでいいものは結果として取り入れるし、〝負の痕跡〟はその意味を忘れないために保存するだけでなく観光資源として活用し、あらたな意味を与えていくといった〝柔軟さ〟や〝したたかさ〟を感じます。

圧倒的な権力を行使され、いわば強制的に自らの生活習慣や文化を「国際化」せざるを得なかった状況と日本の現状とはまったく異質だと思います。日本は、まさに日本が今後新しい国家の形を構想し創造していくうえでの必然として、いま「国際化」が求められています。日常の「国際化」、つまり外国人との共生、日常においてさまざまな「ちがい」を持つ人々や文化と〝折り合いをつけながら〟ともに暮らしていくことが私たちに求められています。「国際化」の素人である私たちは、まずはアジアの日常から多くのことを学ぶべきでしょう。より具体的に考えれば、日本がこれから実践すべきことは、アジアの人々との共生であり、アジアに照準をあわせた「国際化」です。そのために私たちはまず何を感じ考え、何をしていけばいいのでしょうか。

まず第一に必要なことがあります。それは太平洋戦争を中心として起きた日本とアジア諸国の歴史を私たちはきちんと学ぶことです。「きちんと」というのは、偏狭なナショナリズムなどの思想で「歪められる」ことなく、という意味であり、記録などの客観的史料や当時の経験を率直に語ってくれる人々の語りなどをもとにして事実を知るという意味です。それは「自らのことを蔑んで、過去の歴史を反省する」といったような「自虐史観」などでは決してありません。

今一つは、異なる信仰の姿や生活習慣や文化に出会うとき、まずはきちんと正面から受け止めて驚こうということです。簡単には了解できないことに出会うとき、それをネットなどで簡便に得られた「情報」をもとにして「わかったつもり」にならないということです。そうした「情報」は、異質なものに自分から「距離」をとるうえで参考になるし便利なものかもしれません。でも「距離」をとることは、決して「理解」することではないし、「情報」を参考にしたとしても、ほぼ必ずさらなる「なぜ」という問いが私たちに沸き起こってきます。

つまり、「異文化」とは簡単に「わかったつもり」になる「リアル」ではなく、「理解」しようとするかぎり、常に「なぜ」「どうして」という問いが続いていく「わからない」ものなのです。だからこそ「異文化理解」そして「多民族・多文化共生」に「終わり」はないし、それらは常に「理解し続けようとし」「共に生きようとする」持続する営みといえます。

もう一つは、「わからない」ということを相手に伝えながら、「わかろう」と常に対話をし続けることです。「対話」とは、どのような営みでしょうか。

例えば、クラスにアジアやアフリカから来た子どもが転入してきたとします。その子は片言しか日本語がしゃべれないし、漢字も読むことができないとします。クラス担任は、みんなにそのことを語り、その子に配慮して仲良くしてほしいと語るでしょう。すぐに仲良しになり友達となる人もいれば、なかなかその子に声掛けできない人もいると思います。もしその子に対して「善意」からだけでいろいろと教えてあげよう、仲良くしてあげようとする人があるとすれば、私は「〜してあげよう」という発想にあやうさを感じてしまいます。

「対話」とは、同じ立場で、対等な人間として向き合い、語り合うことです。仮に日本語を流暢に話せなくても、漢字が読めなくても、その子は、クラスのみんなと「同じ時代を生きている人間」であり、その意味で「同じ人間」です。だからこそ、その子に日本語や日本の生活習慣や文化を教えてあげたいと思うなら、かわりに自分もその子から知らなかったこと、その子がそれまで暮らしてきた国のことや生活のこと、音楽や言葉などを「教えてもらえば」いいのです。そうしたやりとりこそ、「対話」といえるのではないでしょうか。

子どもの頃に面白く見ていた番組を思い出しました。「セサミストリート」というアメリカの教育番組です。白人だけでなく黒人、ヒスパニック、日本人などアジア系と登場人物は多様であり、クッキーモンスターという人間以外の存在まで出てきていろいろなことを楽しく教えてくれました。「分断を強調し差別主義に走る」アメリカではなく「多様性を認め評価する」アメリカを象徴する番組でした。

かつて日本にも「多様性を認め合い、評価し、お互いが楽しく暮らす」村がありました。「ペンギン村」です。それは架空の村ですが、私はそこで起こる出来事を毎週読めるのが楽しみでした。鳥山明という漫画家がいます。代表作は『ドラゴンボール』だと多くの人は言うでしょう。でも私はそれ以前に書いていた『ドクタースランプ』こそ代表作だと思っています。アラレちゃんという女の子のロボットが主人公ですが、それこそさまざまな「ちがい」をもつ人物が登場し、宇宙人やスーパーヒーローまで登場し、わいわいがやがやと「ペンギン村」の楽しい日常が描かれていきます。

多様性を認め合い、評価し、わいわいがやがやと楽しく過ごすことができる日常をつくりあげるためにも、私たちは圧倒的な質量の「情報」に翻弄されることなく、「ちがい」を持つ他者とまっすぐに向きあう必要があります。

第八章　外見がもつ〝危うさ〟

外見から他者を理解するということ

外見とはどのようなことを意味するのでしょうか。字義通り考えれば、「外」から見える人の姿ということでしょうか。「外見を気にする」とは、まさに見た目で判断される自分の姿、自分への評価に敏感になるということです。誰がどのように考えようと自分は自分だとも言えますが、そう簡単なことでもなく、私たちは常に「他者からの視線」に対抗する〝術〟を考え、実践しているのです。そして私たちが日常の差別や排除を考えるとき、外見という問題もまた重要な手がかりです。本章では、外見をめぐり、語ってみたいと思います。

ゼミの男子学生が髭《ひげ》をテーマに卒業論文を書きました。内容は日本や西洋における髭の社会史をまとめたものですが、彼にとって卒論は自分の髭への〝鎮魂歌〟でした。彼は、ゼミにはよく手入れされた黒々とした髭を蓄えて現れました。ゼミだけでなく大学の日常も髭を蓄えた姿は特に違和感もなく、何の支障もなく彼は過ごしていました。しかし、大学を卒業し社会人になるタイミングで、彼は見事な髭に別れを告げなければならなかったのです。企業の就職面接で彼は卒業論文のことを聞かれ、髭に対する問題関心を語り、髭が持っていた社会的意義なども語ったのだと思います。彼は内定をとり、採用されました。彼の人物を評価し、大学での社会学の学びや卒業論文の内容などが良かったからこそ、採用されたのだと、私は思います。ただ、彼曰《いわ》く、最後に面接を担当していた人から「うちの会社に来ることになったら、髭はきれいに剃《そ》ってくださいね」と釘《くぎ》を刺されたそうです。

髭をたくわえているからといって、それだけでその人物の人間性や能力などはわからないでしょう。髭のあるなしで、その人物を理解しきることなどできないはずです。では、なぜ彼は髭をきれいに剃ってくださいと注意されたのでしょうか。

うちの会社に勤めるとすれば、それはふさわしくない。企業を構成する一員になるのだから、企業イメージに抵触しないように外見も整えるべきだ。お客様に不快な印象をあたえてしまう危険性がある。うちの会社は食品を扱っているのだから、常に清潔感が社員には必須だなど、さまざまな「理由」が考えられるでしょう。ただ「理由」のいずれをとっても、髭をはやしていることが、人間としてダメな証拠であり、欠陥がある証拠だといった私たちの「内実」に言及するものにはなっていません。

髭を例にとって、少しお話ししましたが、こうした「理由」が意味を持つ背景には、私たちが日常さまざまな場面で他者とやりとりする場合、外見を重要な手がかりとして、他者を判断しているという事実があるからです。日常生活世界を解読した社会学者A・シュッツによれば、私たちは普段「類型」に準拠して他者を理解し、「類型」は私たちがそれまで蓄積してきた「知識在庫」に依存しています。たとえば先の男子学生が卒業して社会に出ると「サラリーマン」となります。「サラリーマン」という「類型」は、アイロンが効いたしわのないワイシャツに趣味のいいネクタイを締め、落ち着いた色のスーツを着て、にこやかにお客様に対応するといった実際の場面に即応した常識的知から構成され、そのほとんどが外見、見た目に関連したものと言えます。より外見に徹底した「類型」といえば、「就活する大学生」を思い出します。個々の学生がどのような人間性を持ち、どのような思想をもっているのかなど、「内実」に一切関わりなく〝就活スーツ〟に身を固め、清潔な髪形に整えた瞬間、彼らは「就活する大学生」に変身してしまいます。

人間は外見や見かけではなく、その中身が大事だ、という考えを否定する人はまずいないでしょう。そうでありながら同時に私たちは普段、いちいち目の前にいる他者の〝なかみ〟や〝こころ〟を気にして、生きているわけではありません。他者の「内実」ではなく、他者の「外見」をもとにして、その場その時に応じて、目の前の相手が何者であり、どのように対応すれば適切であるかを瞬時のうちに判断し、実践しているのです。だからこそ、外見を考えることは、日常における他者との出会いや他者理解を考えるうえで、とても重要な営みだと言えるでしょう。「たかが外見、されど外見」なのです。

日常の儀礼：一人一人の〝膜〟

「されど外見」を考えるとき、私たちは普段、他者とどのように向きあっているのかをじっくりと見つめる必要があります。そしてこれは、ゴフマンという一風変わった社会学者が生涯テーマとした「共在＝他者とともに在ること」を考え、そのありようを解読する営みと密接に関連しています。ゴフマンは、人間が他者と共にいる営みや複数の人間からできる集まりには、それ自体固有の秩序がつくられ維持されているという事実を明らかにしています。「相互行為秩序（the interaction order）」というものです。

たとえば、私たちは電車に乗っている時に、どのような秩序を維持しながら過ごしているのでしょうか。私がまず思いつくのは「他者はじっとみつめない」というルールです。どんなに目の前の座席に座っている人が魅力的であろうと私はその人をじっと見つめたりはしません。でもやはり気になる時は、その人だけを注視するのではなく、他の光景も眺めているふりをしながら、それとなく見るでしょう。ゴフマンの言葉を借りれば、それは「焦点をあわせない（unfocused）」見方であり、こうした秩序が維持されているのは「焦点をあわせない人々の集まり」であり、電車のような公共的な空間で典型的にみられる現象です。つまり私に限らず乗り合わせた多くの人は、電車の中では、特定の誰かに焦点をあわせないで、焦点をぼかしながら、周囲の乗客の姿や様子を見るともなく見ているのです。

さらに言えば私たちは、他の乗客との〝距離〟を絶妙に保ちながら、自分の場所を維持しつつスマホに熱中したり音楽を聴いたり本を読んだりしています。ゴフマンに言わせれば、新聞や週刊誌や本は、他者との〝距離〟をとり、〝距離〟を保っていること、言い換えれば自分は他者に対して関心はないし、他者という存在へ関与するつもりもないことを周囲の他者に表示するための「道具」なのです。もちろん今はスマホこそ最適な「道具」です。

ただこうした視線の取り方や「道具」が通常に機能して電車内の秩序が維持されるとしても、それが危うくなる状況はいくらでも起こり得ます。

満員電車に乗って、私はいつも気になり、どうしようか困ってしまうことがあります。それは隣に立っている人や席に座っている人が熱中するスマホの画面が「見えてしまう」ことです。見たくなければ目を閉じればいいだけですが、満員で身動きもままならないとき、目を閉じ続けると不安定な状態になるし、さりとて他に視線を移そうとすれば、そこでも別のスマホの画面が見えてしまいます。見たくもないものが、まさに「見えてしまう」のです。

　でもなぜ私は困ってしまうのでしょうか。先に述べたようにスマホは使用している人にとって、満員電車という人間が充満した異様な空間で、自分の世界に閉じこもることができる有効な道具です。それは同時に他者に対して関心もないし関与もしないことを示す道具でもあります。イヤホンで音楽を聴き、スマホの画面に目を落としてゲームやＬＩＮＥのやりとりに集中している姿。それは周囲の世界や外界に対して耳も目も遮断し、自分だけの世界に集中している姿を周囲に表示していることになります。「表示する」と書いたのは、もちろんスマホに熱中するとしても、その人は完全に他の乗客や外界の音や様子を遮断しているのではなく、聞こうと思えば聞けるし、見ようと思えば見えるからであり、そうした外界との繋《つな》がり方を意味しています。

　さきほど電車内で人々が適切に〝距離〟を保つことが電車の秩序にとって重要だと述べましたが、満員電車のように〝距離〟すら保つことが困難な場合、私たちはどのようにして自分を守り、自分と他者との繋がりを維持しようとするのでしょうか。ゴフマンの発想を借りて、私はこう考えます。

私たちは、自分を守る〝膜〟とでもいえるものを持っています。それは状況によって堅牢《けんろう》な〝殻〟となるかもしれませんが、薄く、破れやすく、誰の目にも見えない透明な〝膜〟です。そして満員電車のように人間が過剰に密集してしまうとき、当然〝距離〟の維持は難しく、さらに〝膜〟さえもお互いに触れ合い、擦りわせることで、破れてしまう危険に私たちはさらされます。そのような状態のなか、私たちは、スマホなど使える「道具」を駆使して、互いの〝膜〟を破る危険を回避できるよう細心の注意を払っているのです。

私が困ってしまうのは、隣の他者の〝膜〟をなんとか破らないように注意を払い、その場でいろいろとふるまっても、〝膜〟の向こうにある他者の世界が「見えてしまう」からです。LINEのやりとりや個人で検索している情報やゲームの様子など、別に私は見たくありません。結果として隣の人が懸命に維持しようとしている〝自分だけの世界〟を「侵犯」してしまう危うさを感じるからなのです。

自分の〝膜〟を守りつつ、他者の〝膜〟つまり、他者の私的世界を侵犯しないこと。これこそ、私たちが日常しっかりと守っている最大の儀礼《エチケット》と言えるでしょう。そしてこの儀礼を行使することに外見が密接に関連しています。

外見で印象を操作し続ける私たち

自分の〝膜〟を守りつつ、他者の〝膜〟つまり、他者の私的世界を侵犯しないという儀礼は、さらに私たちがその場そのときに応じて適切に自分の〝外見〟を整えることで達成されます。

たとえば私は、電車で空いている席を見つけると、座る前に必ず「すみません」と両側に座っている人に声をかけるか片手を少し前に出して「これから私がそこに座りますよ」という意思表示をします。両側の人のコートや上着の裾を尻で踏まないように気をつけながら座り、リュックは両腕で覆うようにして抱え、膝の上でしっかりと安定させます。ここまですれば、自分の〝膜〟はしっかりと守れるし、両側の人の〝膜〟にも触れないし、私的世界にも「侵犯」する危険性はなく、ほぼ完璧な〝乗客としての外見〟を私はつくりあげることができます。そしてこうした外見をつくりあげた後で、今日の講義で使えそうな面白いネタはないかと、どこに焦点をあわせることもなく、乗客の様子を細かく観察しています。

状況に応じて必要だとされる外見を整えること。この営みは、ほとんど誰もが逃れえないものと言えるでしょう。でもなぜそのような営みを私たちはしてしまうのでしょうか。これもゴフマンから得た私の知識ですが、私たちは常に自分の姿をめぐりその場その時の状況に適合するように印象操作していきます。それはただ姿かたちという外形的なことだけではありません。自分自身がどのような存在であるかを相手にわからせようとする自分の中身にまで関わっていく印象操作という営みです。

たとえば私は大学で常にジーンズとシャツやセーターといった姿で授業やゼミをし、会議に出ます。なぜそのような姿でいるのかを深く考えたことはありませんが、やはりこれまで出会ってきた社会学の先輩である多くの先生の姿が影響していると思います。大学とは学問研究の自由が確保される空間であり、世間的な慣習や秩序からも一定自由な空間です。大学の先生だから先生らしい格好をしなさいと指導教員から〝指導〟されたこともありません。おそらくは自分の社会学を〝自分らしく〟教え伝えるうえでもっとも気持ちがいい印象操作をしようとする結果、そのような姿となっているのでしょう。外見を考えるうえで、重要な手がかりは〝自分らしさ〟です。

いずれにしても、私たちは表現したい自分の姿があり、それをうまく伝えることができるよう、化粧やファッション、身体の加工などいろいろと工夫し、自らの外見を整えながら生きています。またすでにおわかりのように、私は「外見」という言葉を単に衣装や化粧などで自分の顔や身体を表層的に整える営みだけを含めているのではありません。そうした営みだけでなく、さまざまな状況で、その場を構成するメンバーとして〝適切に〟ふるまうための「処方箋的な知」やふるまい方も含めています。なぜなら私たちの多くは、自分の人間性や内実などと関係なく、その場の秩序にあわせ〝適切に〟ふるまうことができるからです。

異質な外見と出会う驚き

さて私たちは、いろいろな場面で異質な外見と出会い、驚くことがあります。

電車のホームでよく見かける若い男性がいます。彼は、ホームの先端で何かしゃべりながら待っており、電車が到着すると何かを指示しているかのように大きな声をあげ、電車が発車すると、車両を最後まで見送り、手を伸ばして何かの指示をし、ぶつぶつとしゃべったのち、満足したようにホームの中央までもどってきます。また電車の車両の中をけっこう大きな声でしゃべりながら先頭部まで歩いていく人もいます。その人は電車が駅に停車すれば、先端部のドアがあくと、いったんホームにおり、客の乗降を確かめるような仕草をしたのち、発車のベルが鳴れば、また車両に戻り、次の駅まで何かをしゃべっているのです。あたかも自分が車掌をしているかのようにも見えます。

こうした人の姿は、駅や電車内では明らかに異質の外見であり、一瞬私たちは驚くでしょう。しかしすぐにこの異質の外見にある〝解釈〟を与えることで、驚きは収まります。「電車好きの、電車に強いこだわりがある知的障害のある人なのだな」という解釈です。もちろん、この解釈が目の前にいる人を正当に理解できているかどうかについて確たる証拠はどこにもありません。しかし、こうした〝解釈〟を下すことで、ホームや電車内にいる乗客の大半は再び自分自身を〝適切な乗客〟として保ち続けることができると言えます。

異質な外見と出会った瞬間、私たちは自分の世界を守っている〝膜〟が脅かされるのではという危うさを直感し驚きます。でもそれがこれまで何度か見たことがあったり、知り合いから聞いていた話であったりして、〝見慣れた異質さ〟であり〝見慣れた外見〟であると判断できれば、〝膜〟への侵犯というリスクは一気に低減し、その〝外見〟を、余裕をもって眺めることができるようになります。

つまり日常生活における場面や状況を〝適切だ〟と了解できる「普通」の知には、さまざまに異質な外見と出会ったとき、どのように判断しふるまえばいいのかをめぐる〝処方箋〟がけっこう豊かに含まれています。ただそれらは異質な外見の他者という人間をしっかりと理解したうえで、できている〝処方箋〟であるかどうかは怪しく、まさに常識的な「思い込み」や「決めつけ」に囚われた実践知にすぎないことが多いのです。結果的に、それらは異質な外見から距離がとれ、結果として自分の〝膜〟を安全に守れるという点でのみ意味があるものといえるでしょう。

こうした〝処方箋〟としての知自体にはらまれている「決めつけ」や「思い込み」の妥当性や適切さを問い直すことなく、異質な外見からただ距離をとり、自分の〝膜〟を懸命に守っているだけでいいのでしょうか。そうした知は、確かに知が作動した瞬間、自分の〝膜〟が破られるのを防ぎ、自分の私的世界が脅かされるのを防ぐという意味で有効ですが、他方で、それらは外見も含めさまざまな「ちがい」をもった他者と出会い、他者とともに生きるチャンスを拡げ、〝処方箋〟自体に含まれる知を根底から見直し、より豊かな知へと変貌させる可能性を奪っていると言えるのではないでしょうか。

私たちの日常には、「普通」を問い直すことができる異質な外見との出会いがまだまだあります。

ユニークフェイス

かつて「ユニークフェイス」という運動がありました。ユニークフェイスとは、さまざまな疾患が原因で顔半分に大きなアザができたり片方の頬が大きく膨れあがったりするなど、主に顔をめぐる異質な容貌のことをさしています。これは石井政之《いしいまさゆき》さんがつくったカテゴリーです。彼自身、単純性血管腫という疾患で顔半分をしめる大きな赤いアザがあります。石井さんは、当時フリー・ジャーナリストであり『顔面漂流記――アザをもつジャーナリスト』（かもがわ出版、一九九九年）、『肉体不平等――ひとはなぜ美しくなりたいのか？』（平凡社新書、二〇〇三年）、『顔がたり――ユニークフェイスな人びとに流れる時間』（まどか出版、二〇〇四年）など多くの著作を通して、自分の半生でどのような差別や排除をうけてきたのか、世の中の「あたりまえ」や「普通」がどのように自分たちに〝生きづらさ〟を強いるのか、当事者に対してだけでなく、当事者でない私たちがいかに偏狭な「美しさ」に呪縛され生きづらくなっているのかを語ってきています。

「ユニークフェイス」というカテゴリーは新しく創造されたものです。それは、当事者たちがこれまで異質な容貌の結果受けてきた〝生きづらさ〟は、すべて疾患からくる症状に由来するものであり、疾患の当事者個人が引き受けるべきという世の中にある支配的〝常識〟を転倒させようとするものです。

どんなに異質な容貌を持っているとしても、それはあくまでも当事者の「外見」であり、これまで何度も確認してきたように「外見」がその人のすべてを決めてしまうものではありません。でも石井さんも書いているように、実際はただ顔に大きなアザがあるだけで思い通りの就職もできないし、いろいろな場面で人々から忌避され排除され差別されます。つまり人々は「外見」だけでその人物を決めつけ、人物との具体的な関わりを避け、自分たちの生活世界へその人が入ってくることを拒絶するのです。こうした差別や排除の責任はどこにあるのでしょうか。

異質な容貌それ自体に「差別され排除される理由」はありません。そうではなく、異質な容貌をただ「異なっている」と判断するだけでなく、それを遠ざけ見下すことまでしてしまう文化や社会の「あたりまえ」や「普通」に息づいているものの見方や価値観こそが差別や排除をうみだす原因なのです。

さまざまな疾患に由来する異質な容貌は多様ですが、こうした差別され排除される〝徴《しるし》〟をもった当事者のことを総称し、同時に支配的な文化や社会の「普通」に息づいている問題性を告発しそれと立ち向かう意味をこめて石井さんが「ユニークフェイス」というカテゴリーを創造しました。このカテゴリーや当事者による運動は、これまでそれ自体きちんと問題にされることがなかった差別や排除の様相を明らかにし、まさに〝ユニーク〟でした。当時はメディアでもさまざまに取り上げられ、運動の可能性も語られていました。

しかし、その後はあまり運動も大きく展開することなく、しばらくして中断されてしまいます。なぜでしょうか。当事者たちはその理由や運動の問題性や新たな運動の可能性について論じています（たとえば、矢吹康夫「「ユニークフェイス」から「見た目問題」へ」好井裕明編『排除と差別の社会学〔新版〕』有斐閣《ゆうひかく》、二〇一六年）。ここでは私なりに考えた原因を少しだけ語っておきたいと思います。

一つはこのカテゴリーが被差別の意味だけでなく、社会や文化の支配的なものの見方を変革し得る反差別の意味を十分に持ちえなかったことです。ユニークフェイスということで、異質な容貌、外見だけで差別や排除を受ける人々がいることは明らかになります。ただそのカテゴリー化が支配的な社会や文化の価値、日常に息づいている「普通」の世界のどこをどのように変革し得る力や具体的な「方法」を持っているのかが明らかにはなりませんでした。仮にカテゴリー化が持つ意味や力に進展がないとすれば、それはただ被差別の対象をまとめる言葉が新たに一つ増えただけ、ということになってしまうという危うさがあるのです。

今一つはこのカテゴリーには〝大衆性〟が欠けていたということです。部落解放運動や在日朝鮮人の運動、障害者解放運動、ＬＧＢＴなどの性的少数者の運動は、すべて大衆運動だと私は考えています。社会や文化の根本的な変革をめざす運動は、理念の実現に向けて闘う中心的なメンバーだけが前衛としてがんばっても、運動の拡がりや運動の持続は望めません。積極的に闘うことはできればしたくないが、運動の理念は十分わかるし運動は支持するというさまざまな周辺的なメンバー（＝大衆）が多く存在して初めて、運動は活性化していきます。もちろん大衆としてのメンバーには、自分はなにもしないで甘い汁だけ吸いたいという〝フリーライダー（ただ乗り）〟もいます。でもそうした雑多な当事者が増えていくことで、被差別性の厚みも増し、支配的な社会や文化に対抗する力も強く柔軟になっていくのです。ユニークフェイスの運動は、こうした多様な当事者を掘り起こしていくことに躓《つまず》いたのではないだろうかと思います。

いま「ユニークフェイス」という異議申し立て運動はありません。しかしなくなったのは、異質な容貌を持つ人々の〝生きづらさ〟や彼らに対する差別や排除がなくなったからでしょうか。そうあってほしいと思うのですが、残念ながら差別好きな今の世の中にあって、そのようなことはありません。いまは、新たな形で活動が進められています。

自分らしい顔で生きる

岩井建樹著『この顔と生きるということ』（朝日新聞出版、二〇一九年）という本があります。まだ読んでいない人は、ぜひこの本を手に取ってほしいと思います。

まず表紙の写真をみて、私たちは驚くでしょう。顔半分に大きな赤いアザがある男性、金色か白色かその中間のような長髪の女性、右目が丸く大きくはれ上がっている眼鏡の男性、両目が垂れあごや頰の骨が未発達の顔をもつ男性、鼻と口のあいだが腫れ、鼻が埋没しているようにみえる女性、片目と片方の口が引きつっているように見える男の子、髪の毛がまったくない若い女性、身長が低い女性など、異質な容貌をもつ当事者たちがほほ笑みながら、これから本を読もうとする私たちを迎えてくれています。

リンパ管腫、左側のほおが大きく膨れあがる。アルビノ、生まれつきメラニン色素をつくる機能が損なわれている遺伝子疾患、髪や肌が白い。単純性血管腫、大きな赤いアザ。トリーチャーコリンズ症候群、頰やあごの骨が未発達で、小さなあごや垂れ下がった目。海綿状血管腫、右の頰がふくれあがる。マッキューン・オルブライト症候群、骨や皮膚に異変が起きる。動静脈奇形。軟骨無形性症、骨の異常。全身脱毛症、先天性眼瞼下垂《がんけんかすい》、巨大色素性母斑、アザ、と本書を読むことで、彼らの異質さがこうした疾患によるものだということがわかります。

本書には彼らの語りがまとめられています。生きづらさの海の中で、どのように自信をもって生きていけばいいのか。「普通ではない存在」と言われるとき、いったい自分は「何者」なのか。そうした存在として生きていくうえでどのような覚悟をすればいいのか。同級生の心ない言葉、学校は自分にとって「必要な地獄」であり、その試練を乗り越えることで自分の顔に誇りを持つことができた。就職で差別を受ける。でもどんな顔であっても自由に「本来の姿のまま仕事がしたい」のだ。誰かを好きになる。人は見た目で恋をするのではないことがわかる。親密な他人が気づかせてくれた自分の魅力。私たちはかわいそうな存在じゃない。見た目を武器にして生きていく。視線という暴力に気づいてほしい。外見の差別で人は死ぬこともあるのだと。自分らしい顔で自分らしい生き方をしたい、等々。

私は、こうした語りを読み、そこにこめられた思いを感じながら、今一度〝きちんと〟驚きたいと思いました。〝きちんと〟というのは、なぜ私が異質な容貌と出会い驚いたのか、その理由をしっかりと考えるという意味です。まず彼らの存在をほとんど「知らなかった」ことに驚きました。外見から差別するような人間になりたくないと少しでも思えば、私たちは、もっと正確に「知る」べきです。さらに私たちがあまりにも自明だと思い込んでしまっている「普通」がいかに「普通」でないのかに驚くのです。

たとえば、女性の髪は命とばかり、つややかな長髪がいかに素晴らしいかをこれでもかと伝えるテレビ・コマーシャルが氾濫する日常のおかげで、私たちが女性について持っているイメージがいかに限られ、典型的で、〝偏って〟しまっているのかに気づき、驚きます。また少し考えればわかることですが、私たちの顔や身体は左右対称にできてはいません。その事実をゆっくりと考えていけば、均整がとれた顔や身体こそ最もすばらしいというイメージもまた、いかに〝偏った〟ものなのかを実感することができるでしょう。

いま当事者たちは「マイフェイス・マイスタイル」という活動を進めています。NPO法人「マイフェイス・マイスタイル」が作っているホームページを見ればわかりますが、それは、自分らしい顔や容姿で自分らしい生き方を実現していく活動であり、そのために支障となる〝生きづらさ〟には、どのように向きあっていけばいいのか、互いにできるサポートをしながら、じっくりと前に進めていく活動です。

この活動は、「ユニークフェイス」の運動とは本質的に異なっています。後者は「ユニークフェイス」という概念を新たに作り出し、世の中から差別や排除を受ける対象を括《くく》りだし、彼らが共に差別と闘うことを通して世の中の価値や規範を変革する運動でした。それはわかりやすくいえば、敵（差別する側）を設定し、敵を打倒し、敵を変革するという営みを続けることになります。ただ、こうした運動を続けるとき、当事者にとって、生きることは常に闘いであり、そのための力を保たなければならず、しんどいものです。

対照的に前者は、仮に差別する可能性がある側で生きている人であっても、それを「敵」とみなさずに、まずは自分のことを的確に知ってもらい、自分らしい姿や生き方を実現するために、ともに考え、ともに変わっていこうという〝ゆったりとした〟変革を実現していこうとする活動です。いわば、「敵」になりそうな人を一人でも多く巻き込んでいこうとする営みと言えるでしょう。

そして、そうした営みに巻き込まれるとき、私たちは異質な容貌をもつ人々が生きていくために〝生きづらさ〟に立ち向かい、実践する営みや言葉、語りと出会い、そこから放たれるさまざまな力を実感し、自分自身が見事に「普通」に呪縛されているという事実に気づきます。そして「普通」の中身を一つ一つ点検し、そこに息づいている歪《ゆが》みや偏り、偏狭さに気づき、それを見直したいと感じるとすれば、それはすでに私たちが彼らの運動に緩やかに巻き込まれている証左なのです。

ぽっちゃり系女子の「生き方」

『la farfa（ラ・ファーファ）』という雑誌があります。「ぽっちゃり女子のおしゃれ応援マガジン」で、注目したい興味深い雑誌です。私は、ゼミの女子学生から教えてもらいました。彼女もこの雑誌の愛読者であり、ゼミには、いつも彼女らしさが伝わるようなファッションに身を包んで現れます。

「ぽっちゃり」という言葉は、誰が最初に使いだしたのかはわかりませんが、不思議な表現だと思います。それは、肥満やデブのような「普通」から外れ、対象をあざ笑うような否定的な意味が満ちた言葉とは対照的です。「ぽっちゃり」は、その人の体重だけを直接示すのではなく、「普通」よりも多めの体重の人がいて、その人全体から醸し出される雰囲気を包み込むように表現する素敵な言葉であり、言葉の響きを耳にする私たちに、なんともあたたかくほんわかした何かを伝えます。さらに言えば、「ぽっちゃり」は「普通」から外れ、「普通」とは断ち切れた状況をあらわすのではなく、「普通」の中心にはないけれども「普通」という拡がりのなかで周縁に位置し、周縁から「普通」とは何かをゆっくりかつじっくりと見直すことができる力をおびた言葉だと私は思います。

ファッション、グルメ、美容・健康、エンタメ、ライフスタイルとこの雑誌には日常生活に必須のカテゴリーをめぐる記事が掲載されていますが、私は「ミケぽちゃの壁」と「ラファモヒストリー」という連載コラムが〝すごいな〟と思いました。

「La Farfa」2020年1月号

「ミケぽちゃの壁」は、「ぽっちゃり女子」がスポーツやエンタメなどをどのように実際楽しめるのかをめぐる体験報告です。遊園地、マリンスポーツ、スーパー銭湯、屋内スポーツ、スキーウェア、アウトドア、ゴーカート、空中ヨガ、ボルダリング、アイススケート、フィールドアスレチック、ウェディング、東京ジョイポリス、ポールダンス、人間ドック、スケートボード、富士急ハイランド、花魁《おいらん》体験、避難器具、東京サマーランド、空中アドベンチャー、スポッチャ、等々。掲載されたテーマをあげてみました。連載はさらに続きます。

確かに巷間《ちまた》にはスポーツやエンタメ、生活情報について多くの紹介書があり楽しみ方を指南する情報はあふれています。しかしそれは「普通」の女性を前提とした情報であり、「ぽっちゃり」した女性がどのようにすれば最も楽しめ、エンタメ施設を最大限利用し活用できるのかについて、何も語ってくれていません。このコラムからの情報を得て、「ぽっちゃり」した女性は、彼女たちならではの体験を楽しむことができます。

「ラファモヒストリー」もまた、読者にとって貴重な体験共有であり、生き方アドバイスとなっています。例えばここで紹介された、いくつかのヒストリーです。

＊食欲が旺盛で体重が増えていった小中学時代、高校生でダイエットを始め、摂食障害になる。自分がイヤでしょうがなかった時代だった。その後本当にいろいろな人がいることに気づき価値観が大きく変わる。『ラ・ファーファ』を知り読者モデルになった今、ぽっちゃり女性を輝かせたい。

＊九歳の頃に太りはじめたが、別に気にならなかった。中学で学級委員長をしているとき、クラスでのいじめをどうにもできず、先生とも対立し精神的に疲弊してしまい、不登校になってしまう。でも両親とダンスに支えられ、もっと「人間」が知りたいと思い大学進学。そこで『ラ・ファーファ』と出会ったのです。

＊女優をめざし養成所でがんばったが挫折し、激太り。ニューヨークへ一人旅し本場の演劇と出会い、やはり「実力」が必要だとわかる。帰国し『ラ・ファーファ』を見て電流が走った、等々。

毎号読者モデルとして活躍している女性にインタビューし、彼女たちがこれまでどのように生きてきて、なぜ今ここにいるのか、今後どうしたいのかがわかりやすくまとめられています。それらは単なる成功談ではありません。ダイエットしリバウンド、摂食障害、いじめなど彼女たちの挫折体験や被差別体験があり、太っている自分の姿を否定していた頃の〝生きづらさ〟の告白があり、自分を否定していた自分こそが問題だと気づく瞬間が語られ、世の中の価値観に囚われていた自分を解き放ち、〝ありのまま〟の自分の姿を認め、いかに輝いて生きていけるかを模索することの意味が語られています。語り口は、けっこう軽やかで楽しいですが、語られている中身は、当事者が心底から悩み苦しんだ重く深いものです。こうした語り口が読者の心に刺さっていくと思います。

毎号のコラムを読んでいくと、問題への覚醒、挫折、被差別、苦悩、自己否定、模索、転機、価値観の転倒、自己承認、自分らしさの追求、最後は『ラ・ファーファ』で輝く自分の追求へという〝定まった〟ストーリーがあることがわかります。でもこうしたコラムは読者に対して、かつての自分の姿を反省し、今抱えていて悩んでいる問題にどう立ち向かえるのかを助言し、今後無理することなく自分がどのように輝いて生きていけるのかの具体的なイメージを示してくれます。見事な人生相談、人生応援のコラムと言えるでしょう。そしてそこには彼女たちが悩み苦しんだ元凶である「普通」を根底から見直そうというメッセージが息づいています。

なるほど、このような「普通」の疑い方があり「普通」の見直し方があるのかと驚きます。抽象的に「普通」を批判するのではなく、「普通」がはびこるなかで、それはそれとして認めておきながら、自分たちの新たな「普通」となる価値や基準、規範を実践的につくりあげ、それを同じような人々のなかで共有し、その意義や意味を確かめながら、さらなる高みへと新たな「普通」を洗練させていく営みです。一見緩やかで穏やかな感じを受けますが、既存の「普通」の周縁にしっかりと根をはやし、着実に根を深く拡げ、「普通」から栄養を吸収しながら、「ぽっちゃり」の美と価値、「ぽっちゃり」のライフスタイルという〝実〟を大きく育てていく、したたかで、ラディカルな暮らし変革といえるのではないでしょうか。

外見による「決めつけ」を崩す方法

本章をまとめておきます。

外見で他者を判断し、また外見で自分自身を判断してもらうことは日常では必要な営みです。だからこそ外見を整え、その場その時に応じて印象操作し、自己呈示することは生きていくうえでの基本です。同時に、外見から〝適切に〟他者を判断し、他者に感応することは、とても重要であり、日常生きていくうえで回避し得ない営みなのです。
しかし他者をかけがえのない存在として敬意を払うことなく、外見だけから〝恣意的に〟判断し「決めつけ」、見下し、遠ざけるという差別や排除もまた、日常頻繁に起こっている事実でもあります。

外見による「決めつけ」を崩していくためには、どうすればいいのでしょうか。「ぽっちゃり」女性の意識改革、生き方改革を実践する『ラ・ファーファ』の戦術や戦略は参考になると思います。また厳しい告発ではなく、私たちを少しずつ巻き込んでいく「マイフェイス・マイスタイル」の活動もまた、実はラディカルな営みであり、私たちが「普通」に呪縛されている事実を鋭く突きつけてくれます。

どちらからも学ぶべき共通点があります。それは「普通」の呪縛から自分自身を解き放つプロセスがもつ意味を自らの腑《ふ》に落とすことです。

「普通」の呪縛から自分自身を解き放つこと。それは私たちが「普通」からまったく離れてしまうことではありません。「普通」とはいわば空気のようなものであり、私たちはそれこそ命を終える瞬間まで付き合わざるを得ないのです。

それは、もろもろの因習や伝統、習慣といった〝惰性〟から「普通」を切り離し、新鮮な視点で「普通」を丁寧に見直していく作業ともいえるでしょう。そして見直す過程で私自身の他者理解やものの見方を制限したり妨げている知を見つけ、それを自分にとってより有効な知へと変貌させることが大切なのです。言い換えれば、人間の「ちがい」をめぐる偏狭で硬直した図式を崩し、より緩やかでそれぞれを対立させたり排除させたりしないような形で「ちがい」を認める新たな価値や図式を徐々にでも創造していく営みといえるでしょう。

具体的には、どんな方法があるでしょうか。

例えば、親しい友人が「あの子はあれやから」と決めつけた瞬間、あなたがどう考えどう反応するかが大事です。友人との関係を気まずくしたくなく、「あれやから」は間違いだとその場で指摘し話し合うのは難しいかもしれません。だとすれば、その場でなくてもいいのです。後で機会があれば、友人と穏やかに話し合うこともできると思います。でも、そのためには友人に「間違いだ」とわかってもらえるような自分なりの説明や理屈が必要です。「それは差別だよ、だから言わないほうがいいよ」と言うだけでは、友人を心底から納得させることはできないでしょう。

なぜ差別なのか。そのことを考えるために、やはり「あれだから」と決めつける背後で息づいている「普通」とは何かを見極める必要があります。でも「普通」の見直しは、一朝一夕にできることではありません。それは普段から「普通」を疑い、「普通」が提唱する価値観や生き方が本当に自分や近しい他者が生きていくうえで気持ちの良いものであるのかを考え直す〝くせ〟をつける必要があります。そして〝くせ〟が強い自分になる面白さを感じてほしいのです。

例えば最近のテレビ・コマーシャルでは、体臭を消し、華やかな香りで身体を包むことの素晴らしさがこれでもかと宣伝されています。でも本当に〝無臭〟や〝好ましい香り〟だけの日常がすばらしく、それが自然なのでしょうか。

均整のとれた身体を獲得するためにさまざまな器具が宣伝され、身体を簡単に変えることができるプログラムが宣伝されています。すべての人が均整のとれた身体をした社会が、本当に生きやすい、望ましい姿でしょうか。またこうした身体をつくりかえるチャンスはすべての人に開かれているのだろうかと問うてみるのです。

例えば、テレビを見るだけで、私はこうした疑問が際限なくわいてきます。「普通」の見直しに終わりはないし、終わるとすればそれは私たちを新たな形で呪縛する「普通」となるでしょう。でも外見を考え直す営みは、「普通」を疑い続けるという差別を考える営みにとって、もっとも入りやすい入り口であり、きっかけなのです。

第九章　差別を考えることの〝魅力〟

不安のはけ口としての差別

ちょうどこの章を書き始めた頃、二〇二〇年三月、世界保健機関（ＷＨＯ）が新型コロナウイルスに関してパンデミックと認定しました。中国の武漢に端を発したウイルス感染は、全世界に拡がっており、いつ終息するかはこれを書いている時点ではわかりません。目に見えない厄介な「何か」が私たちの日常を覆い、適切な対処法もわからず、先の見えない不安が充満しているとき、世の中で必ず起こることがあります。それは差別です。

感染拡大が問題だとメディアで報じられた初期、パリの日本人レストランに「日本人出ていけ、日本に帰れ」とスプレー書きされ、アメリカやヨーロッパで感染が拡大すると、アメリカではアジア系住民が差別を受けました。日本では横浜中華街のレストランに「中国人は日本から出ていけ」という匿名の手紙が届きました。

少し冷静に考えればわかるように、日本人や中国人のすべてがウイルスに感染し、ウイルスをばらまいているわけではありません。中国人や日本人をひとくくりにして排除したとしてもウイルス感染はなくならないし、ウイルスは消滅しません。自分にはどうしようもできない不安に襲われるとき、多くの人たちは不安をどうすれば乗り越えられるのかを冷静に考えられず、不安に圧《お》し潰されそうになるでしょう。そのとき〝別の理屈〟をたて、自らに怒りの感情を喚起させることで、不安を一時的にでも忘れようとする人々がいます。

「自分を不安に陥れるウイルスをばらまいたのは誰だ。中国人や日本人ではないか。彼らが悪いのだ。彼らさえ自分の目の前からいなくなればいい」とばかりに中国人や日本人に怒りをぶつけます。もちろんこうした感情には合理的で客観的な根拠は何もありません。あるとすれば、怒りの感情を抱く人々が以前から抱いている中国人や日本人に対する「決めつけ」や「思い込み」というゆゆしき「歪《ゆが》み」です。まさに不安のはけ口としてターゲットをつくり、それを攻撃することで一時的にでも不安から逃れたいという思考や行動は伝統的で因習的な差別といえます。

古くは一九二三年に起きた関東大震災直後、朝鮮人についてデマが流れ、デマに扇動された人々が彼らを虐殺した史実を私は思い出します。また東日本大震災のとき、原発のメルトダウンという事故が起きましたが、福島から避難してきた人々を放射能に穢《けが》れた存在と「決めつけ」、差別や排除をしたり、当時ヨーロッパなどでは日本全土が放射能に汚染されていると「思い込まれ」ていたり、事故が収まり復興を進めた被災地から出荷される魚や農作物を、客観的で科学的な検査で問題なしと認定されているにもかかわらず、〝フクシマ〟だからと輸入を拒否する国が出たことを私は思い出します。

もちろんこうした出来事の背後には、たとえば放射能汚染に対する誤解、ヨーロッパと日本との環境問題の認識のちがいや日韓の政治的権力のせめぎあいなどがありますが、出来事の根底には、いずれも日に見えないリスクや不安と向き合わず、誰かを攻撃することで不安をごまかし、人々に不安から目をそらさせようとする意図があります。それは元々あった、朝鮮人や被災者、日本人に対する偏り、歪んだ知に派生するものです。こうした差別や排除をいくら繰り返しても、不安やリスクの解決には何の役にも立たないし、それは愚かで下劣な行為なのです。

それにしてもなぜターゲットは「日本人」であり「中国人」なのでしょうか。ウイルス感染という不安が起こる以前から、日本人や中国人に対して差別主義的な思想をもち、普段から彼らを「決めつけて」生きている人々であれば、躊躇《ちゅうちょ》なく「それみろやっぱり日本人が、中国人が、問題を起こすのだ」と「思い込み」、彼らを攻撃のターゲットとするでしょう。

しかしそれだけでは、なぜ「日本人」「中国人」というカテゴリーが使われるのかという問いへの答えにはなりません。

ウイルスはいわば〝私たちの誰も分け隔てることなく平等に〟感染する可能性を持っています。持病のある人や高齢者は感染すると重症化しやすいと伝えられていますが、それは私たちの身体の状態によるものであって、ウイルスが自分の意志で「この人には軽く、この人には重く、この人には無症状で」ときめて感染しているわけではありません。

仮に障害者や同性愛者などマイノリティの人々に特に感染が拡大するという状況があるとすれば、多くの人々は彼らに対する「決めつけ」や「思い込み」から〝やっぱりあいつらが問題なのだ〟と彼らを名指しで攻撃したかもしれません。今回はそれもできません。でも不安から逃れたいと焦る人々にとって、なんとかして不安を解消するために、誰かを攻撃の対象としなければなりません。考えてすぐ出てくる問いが〝いったい誰がこのウイルスをばらまいたのだ？〟でしょうか。アメリカ大統領がツイッターで頻繁に使った「中国ウイルス」「武漢ウイルス」という言葉は、まさに攻撃すべき対象は誰かを言い放っています。

ウイルスの感染源や初期感染経路を詳しく調べる科学的で客観的な作業は必要でしょう。ただ、こうした言葉が象徴するように、攻撃する対象を特定するだけの表現や行為はさらに差別や排除を生み出す以外、何の働きもありません。

でもなぜ「中国」ウイルスなのでしょうか。やはり不安から逃れたいと焦る人々にとって一番わかりやすく、手っ取り早く、かつそのカテゴリー自体「常識」的に考えて普段人々を分類するために用いられている客観的で問題のないものという装いをとれるものとして、〝人種〟や〝民族〟が選ばれたのです。

そして人種や民族というカテゴリー化は、非難し、攻撃し排除し差別する対象を特定するためにだけ機能するのではありません。人種や民族というカテゴリーを用いて、ある人々を攻撃し排除するとしても、攻撃する側にいる人々は、例えば「フランス人」「アメリカ人」「日本人」であり、言わば〝対岸にいる私たち〟としてともに自分たちの利益を守るのが当然だと、ゆるやかに〝共感〟を抱いていくのです。「自分だけが特別に中国人を攻撃し排除しているのではない、日本人であれば誰であれ、自分たちの安全を確保するためにも、当然、同じように思うし感じるはずだし、感じるべきだ」と横浜中華街のレストランに届いた「中国人は日本から出ていけ」という匿名の手紙は主張しています。でも実際は多くの私たちはこうした主張に、馬鹿げたことだと怒り、なんと虚しいことをしているのかと呆《あき》れます。

全世界を覆うリスクに対してすべての人々が協力して対処し不安を解消していかなければならない事態に直面してもなお、誰かを〝悪者〟にして排除し差別することで不安のはけ口だけを見つけだそうとする営みが必ず起きます。なんと人間というのは愚かでくだらない存在だろうかと情けなくなります。

ではどうすれば私たちは、愚かでくだらない営みを〝意味のないこと〟として無効化していけるのでしょうか。私は、差別を特別なこと、例外的な事象と捉え、自らの日常生活世界から外していくのではなく、常に「差別する可能性」がある私を中心に据えて、普段何気なく生きている日常の場で差別を考えることが基本だと思っています。

差別を考えること、それは私自身がより気持ちよく生きることができるよう「普通」や「あたりまえ」に息づいている知を変革することです。

単に「してはいけないこと」としてだけ捉え差別を日常から排除するのではなく、つねに自分事としてつきあい差別とは何かをじっくりと考えることこそ、差別など〝しても意味のないこと〟だと実感し周囲にその事実を伝えるエネルギーを、私たちに与えます。本書では差別を考えるてがかりを語ってきましたが、最後の章で今一度まとめてみたいと思います。

差別をめぐる〝残念な〟現状とは

「差別を考えるため」には、差別とされる事象それ自体をじっくりと読み解き、どこが問題で、どうすれば問題を解決しさらに前に進めるのかなどを自由に語れるような、もっとタフでしなやかな日常や文化を創造していく必要があります。ただ残念ながら、今私たちの日常には差別をじっくりと考えていく〝余裕〟がまだできていないのも事実です。

たとえば私は、こんな記事が新聞に載ったことを記憶しています。関西の女性漫才コンビがハーフの女子テニスプレーヤーを取り上げたネタが差別的だという内容です。詳細は新聞記事だけからは正確にはわかりませんが、彼女は肌が黒く、漂白剤を使えば、より日本人らしくなるのに、という類の内容で、それがハーフである彼女を侮蔑し差別的だということでした。私はネタそのものよりも、テニスプレーヤーの見事な切り返しのほうが、したたかで面白いなと思っていました。彼女は、漂白剤よりも、これ以上日焼けしないような日焼け止めが必要だよとネタの差別性を軽やかにいなしてしまったからです。

「私の肌が黒いのはあたりまえだよ。私はプロ選手だし常に勝つために世界中転戦し、強い日差しのなかで試合をしたり練習したりしている。こうした厳しい日程をこなしながらの日常でしっかり日焼けもするし、肌の色があせるひまもない、だからほんとにそんなすごい薬や化粧品があるのなら、ぜひ日焼け止めをくださいな、あるはずもないけど」と言わんばかりに、自分が生きている「リアル」の断片さえも想像できていない漫才コンビの不勉強さと笑いを誘いだす根っこにあるネタの薄っぺらな差別性を、彼女は軽やかに笑い飛ばしました。さらに自分をネタにするのであれば、こうするとより笑えるジョークにできるよと、漫才コンビに向けて、教えてあげています。

しかし新聞に掲載された記事では、漫才コンビが謝罪し二度とこのようなことはしないと反省したと伝えているだけです。これでは記事を読んだ多くの私たちは「あぁ、差別しちゃったのだな、でもそれを認めて謝罪し反省しているから、もういいじゃないか」とそれ以上この出来事について考えるのをやめてしまうでしょう。つまり差別とは誰かに指摘されたら謝罪し反省すべき〝問題〟であり、反省すればそれでおしまいという扱い方になっています。いくら世の中で起こる差別的な事象を数多くニュースとして伝えられるとしても、こうした扱い方を繰り返しているだけでは、「差別を考える文化」は決して日常に醸成されることなどありません。

差別をしてしまった人がどのように申し訳ないと思い、どのように反省していったのかをできるだけ詳しく問い直し、その答えについて豊かに想像することで「差別を考える文化」は少しずつ作られていくと、私は考えています。

例えば、次のような「差別を考える」糸口があります。

どのようにして漂白剤というジョークを考え出したのだろうか。笑う対象となったプロ選手はなぜ「日本人」らしくないと考えたのだろうか。なぜ肌の色を〝漂白〟することで「日本人」になれるのだろうか。いったい「日本人」とはどのようなものだとイメージしているのだろうか。なぜ〝漂白剤〟で肌を脱色することが、笑いを誘うのだろうか。このジョークが人を笑わせるとして、人はどこにおかしさを感じているのだろうか。人の身体をからかうことから生じるこうした笑いとは、いったいどのような次元や水準での笑いといえるのだろうか。はたしてそれは洗練された笑いといえるだろうか、等々。

まだ他にも問いが湧いてきます。〝なぜ、どのように、あることが差別だと見られ聞かれ認められるのか〟〝そのことが「差別」ではなく「笑い」として感じ取られる世界があるとして、その世界はいったいどのようにできあがっているのだろうか〟。これをじっくりと考える過程で、私たちは差別を単に謝罪し反省するだけの出来事ではなく、たとえば「笑い」と「差別」との関係という日常文化にとっても重要なテーマを考え直すきっかけでもあることがわかり、「差別を考える」とはどのような営みであるのかを実感できるのです。

「差別を考える文化」を創造するうえで、とても興味深く刺激的な出来事が、日常さまざまな場面で起こっています。ただそうした出来事に対して、決まりきったように通俗的な倫理や道徳次元をあてはめて処理してしまうとても〝残念〟なマスメディアの現状があります。

　例えば、政治家の差別発言を批判するマスメディアや評論家たちの姿も〝残念〟の極みと言えます。彼らは政治家が「差別発言」をすれば、取り上げ盛んに批判します。でも彼らが批判するのは、ネタとして「発言」が〝鮮度〟を保っているあいだだけです。少しでも〝鮮度〟が落ちたなと思うと、「発言」を取り上げるのをやめ、別の視聴者の関心をひきそうな話題に移っていきます。つまり彼らは、差別発言の〝賞味期限〟を敏感に察知しながら、日々の仕事に勤《いそ》しんでいるだけです。発言の背後にある「決めつけ」や「思い込み」のどこがどのように問題であるのか、偏った知の背景に何があるのかなど、発言を手がかりに、より深くじっくりと「差別を考える」姿勢を感じることはありません。私たちの日常には、「差別を考える」文化創造を妨げるこうした〝残念〟な状況が満ちています。

　〝残念〟な状況に共通した、差別に対する構えがあります。それは、できるだけ迅速に差別という問題の当事者になることをやめたい、問題に関わることをやめたいという構えです。言い換えれば、対岸で激しく燃えている火事の火の粉が自分に降りかかってきたとして、できるだけ早く火の粉を振り払い、対岸からゆっくりと火事の様子を見ていたいという構えです。それはまた、「してはならないもの」「許してはならないもの」として一般的で通俗的な倫理や道徳の次元で反差別を唱えながら、なんとしても自分の生活世界が差別という問題で侵されたくないないし脅かされたくないという願いなのです。

ただ〝残念〟な状況がある一方で、差別を他人事《ひとごと》にせず、自分の中にある〝差別する可能性〟を見つけ、どうすればそれを少しずつでもつくり変えていけるのか、つまり「差別を考える」手がかりが満ちた文化もまた私たちの日常に満ちています。そうした日常文化の一端を以下でも紹介したいと思います。

性的少数者の「リアル」

先の章でも述べているようにいま多様な性を生きる人々の存在に急速に光が当てられ、メディアなどでも彼らの生きている「リアル」が「意味あるもの」として分厚く描かれ、語られています。かつては「クレヨンしんちゃん」でよく出てくるような戯画化された男性同性愛者の身振りや語り方は単なるギャグとして理解され、それが彼らへの偏見や差別のあらわれなどと誰も思いませんでした。しかし今では私たちはギャグや冗談のなかに性的少数者に対する偏見や差別、それを裏打ちする「決めつけ」や「思い込み」の知が息づいていると考えます。多様な性を生きる人々の「リアル」が私たちの「あたりまえ」に浸透し「あたりまえ」を変えつつあるのかもしれません。でもだからといって偏見や差別的な知は「あたりまえ」から一掃されたのでしょうか。私はそうは思いません。

多様な性を生きる人々の「リアル」が、以前に比べはるかに身近になったとして、それだからこそ、私たちはただ「差別してはいけない対象」としてだけ彼らを理解するのではなく、同じ時間を生きている「人間」「もう一人の他者」として、彼らの「リアル」をまるごと理解しようとする努力が必要なのです。

たとえば素晴らしい映画は、彼らの「リアル」を理解するための深く大きなきっかけを私たちに与えてくれます。『ナチュラルウーマン』（セバスティアン・レリオ監督、二〇一七年）という作品があります。

心と身体の性が一致しないトランスジェンダーのマリーナが主人公です。彼女は恋人オルランドと一緒に暮らしています。冒頭サウナでオルランドがマッサージを受けるシーン。社会的成功を収めた男性という印象が伝わってきますが、同時に疲れて不安定な感じです。「白い大きな封筒を知らないか」と大切なものの記憶も曖昧です。マリーナの誕生日を祝う二人。お互いの想いやいたわりがよくわかります。イグアスの滝への旅がプレゼントだと語るオルランド、でもチケットをどこへしまったのか思い出せません。映画の後半「白い大きな封筒」の所在がわかりますが、封筒の中にはチケットだけでなく、もっと多くの想いが詰まっていたのだろうと私は思います。

アパートで愛を確かめ合う二人。その後オルランドの体調が急変し、マリーナは急いで彼を病院に連れていきますが、彼は動脈瘤破裂《どうみゃくりゅうはれつ》で急逝します。動揺するマリーナ。彼女はオルランドの弟を呼び出し、状況を説明し、弟に後を任せ、病院から去ろうとします。しかし警官が彼女を病院へと連れ戻します。オルランドの身体には複数のあざがあり頭には傷がありました。それはアパートを出るとき、マリーナがドアの鍵を閉めているうちに、オルランドが朦朧《もうろう》として一人で歩き、階段を踏み外して転がり落ちたからでした。マリーナの説明があっても警察は彼の死についてマリーナの関与を疑うのです。

なぜ嫌疑をかけるのでしょうか。トランスジェンダーであるマリーナに対する通俗的な「決めつけ」が背後にあるからです。「こうしたケースを扱ってきたからよくわかる。あなたもすっきりしたいでしょ。だったら私に従って」と。マリーナにつきまとう女性刑事は彼女を配慮するような言葉やそぶりをみせるが、それはトランスジェンダーとは何者かを自覚して警察に従えという命令であり権力の行使なのです。抵抗を続けても仕方ないと身体検査を受けるマリーナ。すぐに済むわと女性刑事は彼女を監察医のところへ連れていきます。「女性として扱って」と医師に囁《ささや》く刑事。その言葉をマリーナは黙って聞いています。衣服を脱ぎ、タオル一枚となり壁を背に立たされるマリーナ。上半身裸の写真を撮られ、下半身の写真も撮られます。淡々としたシーンですが犯罪者のごとく扱われるマリーナの姿から性的マイノリティに対する強烈な偏見や差別が伝わってきます。

マリーナは愛する人にお別れを言いたいだけなのに、オルランドの元妻や親族から、通夜や告別式への参列を拒絶されます。いったんはあきらめかけたものの、留守中に親族が勝手にアパートに入り部屋中を荒し飼っていた犬まで持ち去ってしまう〝嫌がらせ〟にさすがにマリーナは切れ、復讐《ふくしゅう》の意味もこめて通夜の場に姿を現します。親族は彼女を教会から追い出し、それだけでは飽き足らず車で彼女を追いかけ差別的な言葉を吐き、彼女を強引に車に乗せます。

彼らはマリーナの髪や顔をセロテープでぐるぐる巻きにして「ざまあみろ」と彼女を車から放り出します。マリーナにとって髪や顔は自分を象徴する大切な部分です。それを台無しにする営みは強烈な差別行為です。そしてそれは〝髪や顔を痛めつければ「変態」は傷つくだろう〟という彼らが抱くトランスジェンダーに対する強烈な偏見を象徴するシーンです。

ただそれはマリーナの本質からはほど遠い思いきり表層的で皮相的なトランスジェンダー

理解でしょう。なぜ彼らはこんな下らない行為をするのでしょうか。彼らの強がりの背後に「怯《おび》えながらも差別する」といった、自分たちの「日常」がマリーナに攪乱《かくらん》されることへの強烈な怯えや恐れが息づいていると私は感じます。一方「犬を返せ」というマリーナの〝実力行使〟は彼らの下らない行為を軽やかに圧倒し、超越していきます。このあたりのシーンは、通俗的な権力の配置が一気に転倒し、見ていてすかっとします。

映画のラスト。取り戻した犬と散歩し、美声を活かしホールで歌う彼女の姿。どんな逆境であろうと淡々と乗り越えて生きていくしかないし、それが私なのだ、というメッセージがじわっと伝わってきます。

この映画では、マリーナを自らもトランスジェンダーである女優が演じています。彼女は、最愛の人を突然失い当然のごとく生じるトラブルに悩み苦しみ、立ち向かい、新しいステージへと生き続けていく当事者の姿をしっとりと、そして力強く演じています。私は映画を見ていて、あることに気がつきました。主人公がトランスジェンダーではないと仮定してみれば、この作品は最愛のパートナーを失った人の悲嘆とそれを乗り越えて生きようとする人間の、ごく「普通」の姿を描いているのです。とすればこの作品が優れているわけは、ただ一つです。主人公の「あたりまえ」の望みや悲嘆を妨げるトランスジェンダーに対する執拗《しつよう》な

差別という「リアル」が見事に描かれているからです

重複した障害を生きる人の「リアル」

『もうろうをいきる』（西原孝至監督、二〇一七年）というドキュメンタリーがあります。見えない、聞こえない世界を生きる。それはいったいどのような日常を生きることになるのでしょうか。ドキュメンタリーでは、盲聾《もうろう》を生きる八名の普段の様子が描かれています。

親の介護を続け、亡くなった後も一人で家事を続けている女性。食器を大きな洗面器を使って上手に洗い、乾燥機に並べて、スイッチをひねる。庭に出て、長いポールを取り出し、物干し台にかけ、手探りで洗濯物をポールに干していく。月に数回、通訳介助のヘルパーさんと一緒にスーパーにでかけ買い物をする。彼女にとって住み慣れた家や庭という世界では一人でいろいろな用事をこなせるが、通訳介助者との触手話を通したふれあいが外の世界とつながれる唯一の手段であることがわかります。

東日本大震災の津波ですべてが流された街。復興工事が続くなか、介助の女性と共に男性が歩いていきます。女性が周囲の様子を説明すると、「数段の石段があると思いますが、そのうえに私の家があったのです」と男性は当時の記憶をたどり津波前の地域を説明していきます。彼にとって津波の被害は、普段自由に歩けた地域を丸ごと奪われてしまうものだったのです。彼は言葉豊かに地域の記憶を説明し「いろんな盲聾者がいるが、誰とも出会わないで、ただ一人の人もいるかもしれないけれども、そうした人と私はつながっていきたい」と自分の思いを語ります。

週五日、作業所に通い、化粧箱を折る仕事をしている若い男性。数多くのメダルが映され、彼が国際大会へ出るほどの柔道の腕前だとわかります。「健常」の子どもたちと一緒に道場で稽古をする姿。彼もまた触手話を通して作業所の仲間とやりとりをしています。男性がいま一番気になっていること。それは恋愛であり、結婚して家庭を持ちたいという望みもあります。そのためにはもっと働かないといけないと笑顔で語る姿が印象的です。

先天聾で弱視、視野狭窄《しやきょうさく》の女性。彼女は一般企業の人事部で働き、休日は能や歌舞伎を見るのが楽しみです。通訳者とのやりとりがくっきりと印象に残ります。「もし生まれ変わることができるとすれば、聞こえる人に生まれたかった」と語る彼女に、手話通訳者は思わず涙を流します。「大丈夫?」と通訳者を気遣う彼女。今まで当事者から「聾文化」を誇りに思い、聾者でよかったという言葉を聞き続けてきた通訳者は、そうではない「意外な言葉」と出会い、驚き、思わず涙を流してしまったのです。でもこの女性の語りこそ、心の底にある本当の思いから出たものではないでしょうか。その思いが映像から伝わってきます。

　全国盲ろう者協会の職員として働く女性。通勤する様子、仕事場での他の職員とのやりとりが淡々と映し出されます。帰宅し料理を作っている彼女。夫がテーブルで待っています。夫の手を取り、触手話でやりとりする彼女。夫も盲聾者です。なぜ彼女を気に入ったのか。姿や声はわからないけれど、メールや手紙で書かれた文章がとてもきれいで、好きになったと語る夫の表情は優しくすてきです。盲聾者同士の夫婦で生計を立てることができているモデルケースだということです。

　一連の映像を見て、はっきりすることがあります。見ることと聞くことができないとき、人は自分から他者に近づいていくか、他者がその人に近づかない限り、その人は音や声、光や映像がない世界にただ一人で生きざるを得ないという事実です。もちろん、この世に生を受けて、いつの時点で視覚や聴覚を失うかだけを考えても、盲聾の状態は多様だということも実感できます。いずれにせよどちらからかの「働きかけ」がない限り、盲聾者と他者や他の世界とのつながりは生まれないのです。彼らが、人として生きていくうえで必須なもの。それは「人の力」です。ドキュメンタリーでは、大学教員である当事者の福島智《ふくしまさとし》さんも登場し、そのことを端的に語っています。盲聾者が生きている「リアル」とはどのようなもののでしょうか。それへの「想像力」を喚起させるためにも、この作品は必見です。

たとえばアニメから差別を考える

『映画　聲の形』（山田尚子監督、二〇一六年）というアニメがあります。これはしばらく前に話題となったコミックが原作です。すでにアニメも見たし、原作も何度も読んでいる人も多いのではないでしょうか。

主人公の一人である将也《しょうや》は、毎日が退屈で仕方がなく、友人とつるんで刺激をもとめています。あるときクラスに耳の聞こえない女の子硝子《しょうこ》が転校してきます。自己紹介でノートを出し、筆談でみんなと仲良くなりたいと話します。将也にとって彼女は退屈を吹き飛ばしてくれる存在でした。最初クラスの女子たちも硝子になにかと気を配って優しくつきあおうとします。しかし自分たちの雑談や何気ないやりとりを筆談で硝子と共有することがしだいに面倒くさくなり、仲間に入りたいと願う硝子の存在が〝うざく〟なってきます。

『映画 聲の形』

この時女子たちと硝子のどちらの立場から考えるかによって、状況の見え方は対照的でしょう。筆談を〝面倒で、うざい〟と思う女子たち。でも逆に考えれば、手話をこなせないかぎり、彼女たちは硝子と同じ時間の流れの中でつながることは難しいのです。「自分は手話を習う」と宣言し硝子と仲良くなる女子が一人いますが、彼女はクラスの女子の中で〝浮いて〟いきます。このあたりの描写は、クラスの中でどのような力が支配的であり、そうではない存在が〝浮いて〟いくのかがわかり、興味深いです。

音楽の授業で硝子は元気よく歌います。でも彼女の声は〝調子はずれ〟であり、他の子たちの声と響き合うことはありません。彼らは、硝子がいるおかげで、校内クラス対抗の合唱コンクールでいい成績などはとれないと諦めます。そして彼らは硝子から〝距離〟をとっていくのです。

おそらく、こうしたクラスの〝空気〟を将也は感じ取っていたのでしょう。もちろん自分にとって退屈な日常に刺激を与えるためですが、将也は、みんなに代わって硝子に〝関わろう〟とします。でもこの〝関わり方〟がひどいものでした。硝子がつけている補聴器を奪い、捨て、壊すという行為を何度も繰り返したのです。何度も補聴器を失くしてくることに疑問を抱き硝子の母親が学校に訴え出て、将也の行為が表面化し問題となりました。担任がクラスで事実確認をした結果、将也がやったことだと判明します。「みんなも見て、おもしろがっていたじゃないか」と、将也は自分のした行為の〝ひどさ〟を反省する前に、クラスの〝空気〟の〝ひどさ〟を訴えます。でもクラスの〝みんな〟は、即座に将也の訴えを否定し、将也を「いじめ」の張本人にしてしまいます。

硝子が転校した後、今度は将也がクラスの〝みんな〟から排除されます。自分たちを「いじめ」る側へ巻き込もうとした将也に対する意趣返しのような、ひどい「いじめ」です。その結果、将也は、完全に他の友人からも浮いてしまい、中学校へあがっても、毎日孤独で過ごしています。しかし将也の中で、真摯な反省が次第に膨らんでいました。彼は、ぼろぼろになった硝子の筆談帳を大事に持ち、それを彼女に返して、本気で謝罪したいと思い、手話も覚えたのです。

人が人を傷つけてしまうとき、その傷は相手を苦しめるだけでなく、傷つける行為をした本人も、同じ傷で苦しめられます。真の意味で傷を癒すには、今一度本気で相手に向き合わなければならないし、本気で「ごめんなさい」を伝えきらなければなりません。でもその営みは、お互いをさらに傷つけてしまう危険をはらんでおり、だからこそ怖く、そして勇気がいる行為となるのです。

アニメでは、将也と硝子をとりまく友人たちの傷つけあいや癒しあいが絡み、見ていて、なにかヒリヒリとした感情を抱いてしまいます。差別、傍観、無視がいかに人と人のつながりを台無しにしてしまうのか。そして、過ちをおかした自分にまっすぐ向き合えるしんどさを超えていくとき、ふたたび人とつながれる喜びと出会えるのか。そんなことが実感できる澄んだきれいな作品です。

ところでこのアニメの主人公は子どもたちですが、担任教員という大人の問題性も描かれています。国語の授業で硝子が〝調子はずれ〟の音読をした後、将也がそれをそっくり真似て、クラスの〝みんな〟の笑いを誘う場面があります。硝子には〝みんな〟がなぜ笑っているのかはわかりません。いわば硝子を揶揄《からか》い、晒《さら》しものにしているひどい差別の場面ですが、担任は「将也、いいかげんにしろ」と、ただのふざけとして扱い笑ってすませ、授業を進めていきます。先述したように、差別は、それが行われた瞬間、どのように私たちが無効化できるのかが重要なのです。それなのに担任教員は、子どもたちが「今、ここ」でつくりあげている現実に降り立ち、この揶揄いがいかにひどい行為であるのかを心から納得できるような〝教え〟という介入を一切しません。

他方で硝子への行為が問題だとして〝外〟から指摘されたとき、担任は指導という〝高み〟にたって、自分を安全に保ちながら、子どもたちの現実に介入し「いじめ」の犯人捜しをします。『聲の形』で描かれるヒリヒリと感じてしまうまでの葛藤や人間関係をめぐる苦しみや闘い、せめぎあいは、子どもたちの中で起こる問題に〝適切に〟介入せず、ただ教員として〝高み〟に立ち、自らを守りながら、通俗的な正義や倫理という価値から、彼らが生きている「リアル」を処断しようとする大人が煽《あお》ってさえいると言えます。

さて、いくつかの映画やドキュメンタリー、アニメなどを紹介し、そこでどのように「差別を考える」ことができるのかを語ってきました。もともと私自身が映画大好き青年であったこともありますが、私は差別や人権問題を考える思想書や啓発書など「差別を考え、差別をなくすために作られた」本や映像作品ではなく、私たちが普段面白く熱中し、感動する映画やアニメ、コミックやテレビドラマなどに、とても優れた「差別を考える」手がかりが埋め込まれていると実感しています。なぜなら、人間の苦悩や葛藤、喜び、他者との繋がりの素晴らしさや難しさなど、私たちがそれを味わうことで心が動かされ、心に刺さってくるテーマはすべて差別とどこかで繋がっているからです。

人間描写、関係性の描写に感動し、なぜ、どのように感動は呼び起こされるのだろうかなどをじっくりと考え直す営みは、まさに「差別を考える」作業であり、それは型通りの啓発する言葉や理屈をいくら反復しても得られない〝差別をめぐる自分の言葉や考え、自分の理屈〟を創造することができる〝余裕〟を私たちに与えてくれる、と私は考えています。

「普通」に息づいている「思い込み」「決めつけ」を洗い出す

では、どのようにして「差別を考え」ていけばいいでしょうか。これまで何度も繰り返して述べていますが、それは端的に言って、「普通」のことと見逃している「決めつけ」や「思い込み」をあらためて洗い出し、自分自身がより優しい気持ちで他者と出会え、つながり、気持ちよく生きていくために自分の「普通」をつくりかえていく、ということです。

私は、社会学を教え始めて三〇年を越えていますが、これまで自分の「普通」に息づいている「思い込み」や「決めつけ」に気づかされ、驚いた経験は何度もしてきています。

ここでは新たに一つだけ例証しておきます。第八章でとりあげた岩井建樹さんの本を読んだとき、ある「思い込み」に気づき、あらためて驚きました。彼の息子さんは「顔面右側の表情筋の不形成」という診断を受けました。顔の右側の筋肉や神経が少なく、原因は不明とのことです。その結果として、息子（拓都）さんは〝普通の人が笑うようには笑えなく〟、そのことへの問いとジャーナリスト魂が〝ユニークフェイスへの旅〟へ岩井さんを誘ったのです。本の最後に岩井さんはこう書いています。

> 何より、僕の中にある偏見を解きほぐしてくれたのは、拓都でした。楽しいことがあれば屈託なく笑う姿は、「笑顔は左右対称でなければならない」という僕の価値観がそもそも間違っていることを教えてくれました。彼の笑顔は、僕の心を温めてくれます。多少ゆがんだ表情でも、心から楽しく笑っているかどうかは相手に伝わります（二三三頁《ページ》）。

これまでの人生経験や味わってきた〝生きづらさ〟など、異質な容貌をもつ当事者の自分語りやさまざまな彼らの写真が詰まっている本を読み終えて、さて私はどのようにこの本と向き合えばいいのだろうかと考えながら、あとがきの〈取材を終えて〉を読みました。

岩井さんの、この語りに出会い「そうなのだ」と私は膝を叩《たた》きました。誰であれ、顔や身体は左右対称にはできていない。それを〝均整の取れた顔や身体〟という価値を後生大事に守ることによって、そうではない自分の顔や身体、人々の姿を、さまざまにマイナスの意味を与えて「決めつけ」ているのだ、と。そしてこの「決めつけ」は人間の顔や姿など「外見」にとどまるものではないだろう。〝均整の取れたこころ〟などというものは果たして存在するのだろうか。それもまた「思い込み」ではないだろうか。私たちは誰もが、どこか均整がとれていないこころを持ち、均整がとれていないこころの持ち主同士が出会い、繋がりつづけようと、互いに交信しあっているのではないだろうか。だからこそ、私たちは、アンバランス同士で衝突したり、すれ違ったり、せめぎあい、なかば必然的に〝摩擦熱〟としての日常的な差別や排除を起こしてしまっているのではないだろうか。こんなことを考えながら、私は岩井さんの本を読み終えました。

「柔らかい、しなやかなこころ」を育もう

さて、本書もそろそろ終わりに近づいてきました。「差別を考える」ために、私たちは何が必要で、「差別を考える」ことを通して、私たちは何を得ることができるのでしょうか。最後にこの問いについて改めて考えてみたいと思います。

この新書のアイデアを模索していた時、私はどのようにして〝着地〟できるのかをあれこれ考えていました。そしてある時あるアニメを見て、〝この新書が書ける〟と実感できました。

そのアニメとは『映画クレヨンしんちゃん　爆盛！カンフーボーイズ～拉麺大乱～』（高

橋涉監督、二〇一八年）でした。劇場版のクレヨンしんちゃんは『嵐を呼ぶモーレツ！オトナ帝国の逆襲』（二〇〇一年）、『嵐を呼ぶアッパレ！戦国大合戦』（二〇〇二年）など傑作が多いですが、この作品も秀逸でした。

いつもはたよりないマサオが幼稚園でガキ大将たちにひるまない様子をみて、主人公のしんのすけたちは不思議に思いマサオの後をつけます。春日部にある中華街「アイヤータウン」。マサオはそこで伝説のカンフー〝プニプニ拳〟を学んでいました。しんのすけたちも加わり〝カスカベ防衛隊〟は〝プニプニ拳〟の修業に励みます。一方中華街では〝ブラックパンダラーメン（BPR）〟が大流行。でもそれは食べた人を虜にし凶暴にさせる麻薬のような拉麺でした。さらに拉麺工場を建設するため、〝プニプニ拳〟の師匠を追い出そうとするBPRのボス。彼もまた秘孔（急所）を突いて相手を好きに変えてしまえる不思議な拳法の使い手でした。対決に敗れ師匠は「パン、ツー、まる見え」としか言えない身体にされ、弟子のタマ・ランとともに中華街を追われます。

しかし実は〝プニプニ拳〟には奥義があり、九つの技を会得した者だけが奥義を授かる資格を得られるのです。タマ・ランとしんのすけだけが九つの技をマスターでき、中国の奥地まで〝プニプニ拳の精霊〟に会いに行きます。〝精霊〟は二人に問いかけます。「奥義をもらってなにするの？」タマ・ランは「ボスを倒し、中華街を平和にする」と〝正義〟を語り、しんのすけは「もらってみないとわからない」と相変わらずいい加減な返事です。ところが〝精霊〟は「奥義を受ける人には、〝やわらかいこころ〟が必要」と、しんのすけに奥義を授けると宣言します。タマ・ランはたまらず、奥義を横取りし、去っていきます。

タマ・ランは奥義を使い、ボスたちを倒し、中華街に平和が戻ります。でもその奥義とは、それを浴びた人の思考や感情をすべて停止させ、何も判断できないようにさせる力があったのです。タマ・ランはちょっとしたルール違反も見逃さず「正義」の名のもとに奥義を使い、街の人々を次から次へと〝判断停止〟状態にしていきました。「こんなの、正義じゃないし、平和でもない！」と〝カスカベ防衛隊〟は立ち上がり、街を平和に戻そうと、ある奇策を考え、タマ・ランに立ち向かいます。

〝精霊〟の言う「やわらかいこころ」が、私の心に刺さってきました。使い方を間違えば世の中にとって危険なものになる奥義の力。それを使いこなすために必要なものが〝プニプニのこころ〟つまり「やわらかいこころ」なのです。もちろんしんのすけは、そのことを承知の上で、いい加減にふるまっているのではありません。いわば「やわらかいこころ」がいい加減さを栄養にして育っているとでも言えるでしょうか。〝精霊〟もいい加減な存在として描かれていますが、〝精霊〟は、しんのすけの言葉やふるまいの背後に「ひととしての柔軟さ、しなやかさ」を感じ取ったのでしょう。

ところでこの作品はとてもよくできています。しんのすけが奥義をもらいに中国へ行っている間、マサオは何をしていたのでしょうか。彼は敗れた師匠の面倒をずっとみていました。橋の下にあるバラックで師匠の世話をするうちに、マサオは「パン、ツー、まる見え」としか言えない師匠が何を伝え、何を言いたいのか、すべてわかるようになっていました。「普通」の象徴であるマサオが、重度の障害をもった人を心からケアするなかで、その人と意思疎通ができるようになり、その人と繋がることができた秀逸なエピソードと読めるのは、私だけではないでしょう。〝プニプニ拳〟を最初に学び始め、でも技の会得が一番遅く、結局は諦めて去っていったマサオ。でもこのエピソードは「普通」であることを懸命に生きるマサオの素晴らしさを見事に描いています。

「差別を考える」ためには、「柔らかい、しなやかなこころ」が必要です。そのこころがあれば、「普通」の中に息づいている「決めつけ」や「思い込み」に気づき、それが自分と他者との繋がりを邪魔していると分かった瞬間、こだわりなく、「決めつけ」や「思い込み」を修正し、つくりかえていくことができます。そのこころは、自分自身をさまざまな〝柵〟

から解き放ち、「ちがい」を持つ他者と繋がることがいかに難しいのかを自分自身に実感させるために必要な〝余裕〟と言えるでしょう。

タマ・ランの硬直した「正義」攻撃に対抗する〝カスカベ防衛隊〟の戦略。それは「みんなでジェンカを踊ること」でした。前の人の背に両手をのせ、同じステップを繰り返し、次々に人の数が増え、長い列になっていくジェンカという踊り。それは単純なステップの繰り返しで、一見容易そうに見えます。でも実は「みんな」で「ジェンカを踊る」ことがいかに難しいのか、「踊る」ために、それぞれがいかに他者に感応し、気配りしなければいけないのか。そのことをさりげなく伝えるラストにも、私は感じ入っていました。

まずは自分自身で「差別を考える」〝くせ〟を身につけるのです。自然と〝くせ〟が出て、「あたりまえ」のように差別について考えられるようになれば、私たちは〝差別などしない自分らしさ〟を身につけることができるでしょう。さらに「みんな」で「差別を考える」にはどうしたらいいのかを模索します。そうした営みの延長に、しなやかでタフな「差別を考える」文化が息づく日常が私たちの前に立ち現れてくるのではないでしょうか。

「今、ここ」で「差別を考える」魅力。それは、私が「かわり」、「みんな」が「かわる」現在進行形の中で初めて感じ取れるものなのです。

あとがき

　これを書いている今、日本ではまだ新型コロナウイルスの感染拡大が続いています。第二波の感染がおこり、日本全国で感染者が再び増加しました。人と一定の距離を取り、密閉・密集・密接という「三密」を避け、不要不急の外出を避け、営業をしたければ感染防止対策を徹底せよと、日本政府は私たちに〝自助努力〟を連呼するだけです。政府は、ただ〝自助努力〟の結果、自然に感染が収まっていくのを待っているような印象をうけます。

　こうした状況で問題となっているのが、感染者や感染者に関連する人々に対する非難や誹《ひ》謗《ぼう》中傷であり差別です。彼らを差別しても、感染防止に何の効果もありません。効果と言えば、ただ感染当事者を痛めつけることで、差別者が〝溜飲《りゅういん》を下げる〟ことができるだけでしょうか。でもそれも一時的なものであり、差別者を苛んでいる不安や恐怖を解消することはありません。

　差別行為の背後に息づいているのは、ウイルスに対する恐怖であり、感染への不安です。そして確実な治療法や治療薬、ワクチンが開発され、〝かかりつけの医者のところで検査して、感染がわかり、点滴や投薬で何日かおとなしく寝ていれば治る〟病気とならない限り、私たちはこの恐怖や不安から解放されることはないと思います。

今回さらにめんどうなのは、無症状の感染者が多くいるという事実です。無症状なので自分が感染していることはわからない。だから自覚のないままに他者にウイルスを感染させてしまう〝あやうさ〟があります。繁栄するために、実に狡猾《こうかつ》で見事な「戦略」をウイルスは考えたものだと驚きます。ウイルス自体は見えません。巷間《こうかん》に無症状の感染者が歩いていると想像することで、私たちは、さらに恐怖と不安を増幅させてしまうのです。

病院で院内感染が発生し、医療従事者や家族の感染が明らかになります。保育園で医療従事者の子どもへの通園拒否という差別が起こります。大学の運動部でクラスターが発生し、メディアが一斉に報じることで、運動部とは関係ない一般学生がアルバイト先を解雇されます。マスクをせずに歩いている人を執拗《しつよう》に追いかけ、スマホで撮影し、ＳＮＳで拡散させる人がいます。まだまだ多くの事例があげられるでしょう。

一連の差別行為に共通していること。それは〝見えない〟恐怖の源が「見えた」と差別者が思い込むことです。この思い込みは錯覚ですが、差別者にとって「見える」存在は、恐怖を解消する格好のターゲットであり、同時に徹底して忌避すべき実際の対象となるのです。

ただ恐怖の源が「見えた」と思い込む差別者にとって、まったく「見えていない」ものがあります。それは差別を受ける人々の「リアル」です。通園を拒否された子どもや親がいかに苦悩しているのか。アルバイトを解雇された学生がいかに困窮し、憤っているのかなど、差別を受ける人々の「リアル」に対する想像力の圧倒的な欠如、貧困があるのです。

〝見えない〟恐怖と不安に対峙《たいじ》するために何が必要なのでしょうか。それは「自分と同じように恐怖し不安になっている他者がそれぞれの場で生きていることへの認識であり、そうした他者への、より深く豊かな、しなやかなでタフな想像力を一層養うこと」なのです。

他者への想像力が枯渇するとき、差別は繁殖します。新型コロナウイルスの影響で〝新しい日常〟が模索されている今、まさに「他者へのより深く豊かで、しなやかなでタフな想像力」が必要とされているのです。

さて、今回もまた編集者の吉澤麻衣子さんにお世話になりました。原稿の冗長な部分、無駄な部分をわかりやすく圧縮できたのも、吉澤さんの適切なコメントのおかげです。ありがとうございました。

二〇二〇年九月　　好井　裕明

chikuma primer shinsho

ちくまプリマー新書363

他者《たしゃ》を感《かん》じる社会学《しゃかいがく》　差別《さべつ》から考《かんが》える

二〇二〇年十一月十日　初版第一刷発行

著者　好井裕明（よしい・ひろあき）

装幀　クラフト・エヴィング商會

発行者　喜入冬子

発行所　株式会社筑摩書房
東京都台東区蔵前二‐五‐三　〒一一一‐八七五五
電話番号　〇三‐五六八七‐二六〇一（代表）

印刷・製本　中央精版印刷株式会社

ISBN978-4-480-68387-8 C0236 Printed in Japan